中外教育名著导读书系

夸美纽斯、福禄培尔教育名著导读

王凌皓　主编

王　晶　姚玉香　著

吉林文史出版社

图书在版编目（CIP）数据

夸美纽斯、福禄培尔教育名著导读 / 王凌皓主编 ; 王晶, 姚玉
香著.－－ 长春 : 吉林文史出版社, 2013.12 (2025.9重印)
（中外教育名著导读书系）
ISBN 978-7-5472-1905-8

Ⅰ.①夸… Ⅱ.①王… ②王… ③姚… Ⅲ.①夸美纽
斯, J.A.（1592～1670）－教育思想②福禄培尔－教育思
想 Ⅳ.①G40－095.24②G40－095.16

中国版本图书馆CIP数据核字（2014）第006544号

夸美纽斯、福禄培尔教育名著导读

KUAMEINIUSI FULUPEIERJIAOYUMINGZHUDAODU

主编/王凌皓

著者/王晶　姚玉香

责任编辑/高冰若

封面设计/李岩冰　董晓丽

印装/唐山富达印务有限公司

开本/720mm×1000mm　1/16

字数/150千字

印张/9.25

版次/2013年12月第1版　2025年9月第7次印刷

出版发行/吉林文史出版社

地址/长春市福祉大路5788号

书号/ISBN 978-7-5472-1905-8

定价/58.00元

目　录

上篇　夸美纽斯教育名著导读

导言　夸美纽斯的生平与教育思想

扬·阿姆斯·夸美纽斯（Johann Amos Comenius, 1592-1670），前捷克伟大的民主主义教育家，西方近代教育理论的奠基者。在欧洲三十年战争（1618-1648）爆发后的数十年被迫流亡国外，颠沛流离，但始终坚持从事教育活动，从未中断教育理论研究和编写新教科书的工作，其教育活动和学术活动的足迹遍及波兰、前捷克、匈牙利、瑞典、英国、荷兰等多个国家。他长期担任中学教师和校长，使他得以将教育实践、实验、经验和创造性的教育理论研究结合在一起。他尖锐地抨击中世纪的学校教育并号召"把一切知识教给一切人"，提出统一学校制度，主张普及初等教育，采用班级授课制度，扩大学科的门类和内容，强调从事物本身获得知识。夸美纽斯的著作多达200余种，主要代表作有《大教学论》、《母育学校》、《语言和科学入门》、《世界图解》等。

一、夸美纽斯的生平与教育活动

（一）早年失怙

夸美纽斯1592年出生于波希米亚王国（捷克）的尼夫尼兹城（Nivnits）。其父亲可能是一个手工业者（也有一说法是磨坊主），并参加了加尔文教派的捷克兄弟会。1604年，12岁的夸美纽斯失去了父母，两位姐姐也相继夭折，遗下他和一个妹妹。他早年失怙，沦为孤儿，被寄养在姨妈家里。但由于监护人理财不当，很快使其父母的遗产荡然无存。后因得到"兄弟会"及亲友的资助才免于冻饿之虞。1608年,被"兄弟会"定为神职候补者,并被送到普雷拉夫(Prerov)拉丁文法学校学习。在校三年期间,他刻苦自励,发愤学习,成绩优秀,表现出卓越的才能。他虽是一个优秀的学生,但通过亲身经历,对当时的学校教育产生强烈的反感,认为学校教育存在很多弊病,也正从此时萌发了改革教育的思想。1611年毕业后,夸美纽斯被"兄弟会"选送到德国的赫尔伯恩大学学习哲学和神学。"兄弟会"选中该校,是因为这所大学盛行加尔文派思潮,它和"兄弟会"的宗教观点大同小异之故。大学期间,他在神学家阿尔斯泰德(1588—1638)等进步教授的影响下,系统地学习了古代思想家,如柏拉图、亚里士多德、西塞罗等人的著作,研究了人文主义者的思想,接触了新兴的自然科学知识,了解了宗教改革以来各国的教育发展动向,探讨了当时德国著名教育家拉特克和安德累雅等人的教育革新主张,为他后来从事文化教育活动打下了良好的根基。从那时起,夸美纽斯就开始收集资料,准备为祖国同胞编写一本捷克语词典和捷克百科全书。在此期间,夸美纽斯于1613年在西欧做了短期旅行,访问了当时的文化名城阿姆斯特丹,结交了许多具有新思想、见地不凡的朋友,并在海得堡大学听课,吸取了丰富的思想养料,哲学和教育思想日趋成熟。他还坚持写日记,日记中记载着他的著名的哲学命题:"头脑里的一切没有不起源于感觉的。"他认为只有感觉所提供的材料,才是最可靠的。这次旅行使他领略了自然的风采,体察了民众的生活,熟悉了文化民俗。这些无疑扩大了他的视野,挖掘了他的认识,使他的思想更具生动和实际的意义。

(二)初为人师

1614年,夸美纽斯从海得堡徒步回国,被"兄弟会"委任为他的母校——普列罗夫拉丁文法学校的校长。他以极大的热诚献身于教育事业,开始研究教育改革问题,并在教育革新上做了第一次尝试,参照克拉克的方法编写了一本名曰《简易语法规律》的教学法指南。1616年被推选为"兄弟会"牧师。1618年,夸美纽斯被调任富尔涅克（Fulneck）地方的"兄弟会"牧师兼"兄弟会"学校校长。他非常热爱学生，尊重学生，为了培养学生热爱自然的情感，常带他们出城远足。在任教期间，夸美纽斯不忘"兄弟会"会友，除了牧师所担任的慈善事业以外，他还关心会友生活，引导他们开展养蜂业，使会友从中受益，自给自足。夸美纽斯从百忙中挤出时间，潜心研究托玛斯·莫尔、康帕内拉、路易·维夫斯等人的著作，广泛阅读教育著作，撰写教育、哲学、神学等方面的论文。同时学习绘画艺术，特别是对地图学有较深造诣，他笔下的《精制摩拉维亚新地图》于1627年出版发行，曾经多次再版，被广泛采用。夸美纽斯初为人师，热爱学生，勇于探索，兴趣广泛，显示出惊人的才华。

（三）国破家亡

　　夸美纽斯的教育及研究事业刚刚起步，但时乖运蹇，三十年战争（1618—1648）爆发了，整个欧洲卷入了战火，遭受了难以想象的蹂躏。白山一战，"天主教同盟军"打败了捷克军队，捷克完全丧失了独立，新教徒惨遭驱逐、流放，财产被没收，人民遭屠杀，"兄弟会"备受迫害。1621年，"天主教同盟军"攻占夸美纽斯居住的富尔涅克，并放火烧城。夸美纽斯的家产、藏书和所有的论文手稿化为灰烬，他本人幸免于难，只带着几件仅存的衣服逃出了富尔涅克。当时妻子有孕在身，只好回到了娘家，跟父母暂居一处。1622年初，战争带来了瘟疫，他的妻子和两个孩子染疫丧生，他再次遭到了沉重的打击。战争夺去了祖国的尊严和妻儿的生命，也夺去了他研究教育的美好时光。夸美纽斯在这国破家亡的黑暗时代，伤痛祖国的沉沦，愤恨国际上以大凌小、弱肉强食的掠夺战争，渴望和平、安宁、光明世界的到来。他以顽强的斗志，站在斗争的第一线，同反动势力进行了艰苦的斗争，成为反封建的斗士。1618年，他发表《寄天国书》，以"被压迫的贫民对上天的控诉"自称，深刻揭露了当时种种不平等现象，他对上天控诉道："不公平的是，那些人（富人）有无数人的世上的财物，而我们却贫穷困苦，可是我们本来跟他们一样都是你创造的，他们的粮食囤积满仓，任凭老鼠啮食，我们却沦为饿殍；他们的衣柜里堆满了穿不尽的绫罗绸缎，被蠹虫所蛀蚀，我们却衣不蔽体。"1923年，夸美纽斯用捷克语撰写政治文学姊妹篇《世界迷宫》和《心的天堂》，揭露了现实社会的黑暗，对当时不平等的社会制度进行了无情的批判，描述了对真理的探求和向往，表现出无所畏惧的气节。

（四）泪别故国

1624年，德皇斐迪南二世颁布了一项法令，命令把所有新教徒从捷克驱逐出境。夸美纽斯同其他"兄弟会"成员隐居在波希米亚的密林中，继续从事救国活动，并进行教育研究，教导会员子弟。他们深信良好的教育是复兴祖国和改良社会的主要手段。1625年3月，"兄弟会"在杜布拉维查村举行元老会，会议决定马上跟波兰取得联系，要求避难，并推选夸美纽斯为谈判代表。为了"兄弟会"和祖国的利益，夸美纽斯冒着被捕的危险，来回奔波，终于达成了有关协议。1627年7月，德皇再次下令，以天主教为捷克唯一合法的宗教，市民必须在6个月内公开信奉天主教，否则要被流放国外。因此，1628年2月，夸美纽斯同不愿改变宗教信仰的三万多"兄弟会"会员告别祖国，迁往波兰的黎撒城避难。在离别祖国之际，夸美纽斯的心情极其沉痛，想到多灾多难的祖国在异族的统治下，痛苦地呻吟着，可她的子孙们为了生存和图强却要离开她……，此时此刻，他怎么也压抑不住对祖国的炽热感情，他愤然爬上高山，面对可爱的祖国，双膝跪倒，泪如雨下，用赤子的热泪滋润着母亲的心田："祖国啊——母亲，再见吧！"

（五）巨著问世

1631年，夸美纽斯写成并出版拉丁文教科书《语学入门》。该书涉及内容广泛，编写方法新颖，出版后大受欢迎，被迅速译成12种欧洲语言和4种亚洲语言发行，是夸美纽斯生前最有名的一部著作。1632年，夸美纽斯开始致力于"泛智"问题的研究,拟编写一部全面介绍当时科学知识成果的,百科全书式的著作《泛智论》,指望这一思想实现后能够帮助人类消除迷信、成见以及社会中的混乱和纠纷。为完成这部作品,"兄弟会"允许他可以离开列什诺,移居司柯卡或奥斯特洛斯克。同年,夸美纽斯用捷克语写成《大教学论》初稿和《母育学校》。秋季,夸美纽斯被推选为捷克兄弟会长老,兼任书记职务。1635年,夸美纽斯任列什诺兄弟会中学校长。1637年,《泛智论提要》在朋友的帮助下在英国出版。1638年,修改扩充《大教学论》初稿,并改写成当时学术界通用的国际语拉丁文,此书堪称夸美纽斯改革旧教育的全面方案。然而,早年有幸读到此书手稿的人反应冷淡,致使在近20年的时间里它仅以手稿的形式流传而未出版。1639年,对《泛智论提要》加以修改后,以《泛智学导论》为名在英国再次出版,引起学术界关注,欧洲一时掀起一股泛智热。

(六)辗转流离

1641年,英国国会向夸美纽斯发出邀请,请他领导由多国成员组成的学术委员会,专门研究泛智论,并创办能将其理想付诸实施的教育机构。夸美纽斯欣然前往伦敦,但不久后英国全境陷入激烈的内战之中,在英国研究泛智论的计划遂成空谈。在英国逗留期间,夸美纽斯收到很多国家领导人的邀请,请求他协助发展科学文教事业,但都被夸美纽斯拒绝了,最后接受旅居瑞典的荷兰籍亲友盖尔的邀请,于1642年8月到达瑞典。瑞典政府希望他为瑞典学校编辑系列教科书及配套的工具书,并答应给捷克兄弟会以长年补助。此时夸美纽斯的兴趣集中在泛智论研究上,但他基于兄弟会的利益,并期望瑞典政府能帮助他的祖国获得独立,因此考虑再三,终于接受了当时对他兴趣索然的工作,定居在东普鲁士的埃而布林(当时是瑞典领土)。1648年,夸美纽斯终于完成了6年前和瑞典政府签订的合同。此时,三十年战争终告结束,捷克仍被划归德意志管辖,捷克民族独立的希望破灭。沮丧的夸美纽斯离开瑞典回到列什诺,主持兄弟会的宗教和学校事务。厄运接踵而来,夸美纽斯的第二位夫人去世,遗下五个孩子。1650年5月,夸美纽斯被推选为捷克兄弟会大主教成为领袖。10月,考虑到匈牙利避难的捷克兄弟会会员的利益,以及希望借助匈牙利政府之力帮助捷克民族复兴,夸美纽斯接受邀请担任匈牙利教育顾问,并创办一所泛智学校,拟订了一份名曰《泛智学校蓝图》的计划。一直到1654年8月离开匈牙利回到列什诺前夕,夸美纽斯完成多部著作、论文和教科书的编写工作,内容涉及学校管理、语言教学、政论等。1656年4月,列什诺毁于波兰与瑞典的战争。夸美纽斯的住所及所有的私人财物再次毁于战火,包括他耗费20余年心血撰就或搜集的尚未出版的手稿及资料,准备了40年之久的《捷克语宝库》手稿亦未能逃脱厄运。同年8月,他应荷兰政府邀请到阿姆斯特丹定居,在此度过了流亡生涯的最后一站。1657年,阿姆斯特丹参议会决议出版《夸美纽斯教育论著全集》。1666年,《人类改进通论》部分卷册发表,这是夸美纽斯一生最后的,也是篇幅最大的力作,有人称之为"登峰造极的综合性作品"。

(七)客逝荷兰

1668年,夸美纽斯沉疴压身,缠绵病榻之际,回顾了自己的一生,写了最后一部自传性的作品《唯一的必要》。他把这部作品献给荷兰的鲁布拉赫亲王,恳求亲王宣扬和平,谋求公共幸福。这本书还表达了他对祖国的眷恋之情:"……我整个一生不是在祖国,而是在流浪中度过的,我的住处时时变动,没有一个我永久住过的地方。"1670年11月初,夸美纽斯在弥留之际,仍不忘"兄弟会"的前途和命运,对尚未完成的《泛智论》著作耿耿于怀,一再嘱咐要整理好他的所有手稿和草稿,以留给后世。1670年11月15日,夸美纽斯带着对祖国的眷恋之情与世长辞,遗体葬于阿姆斯特丹附近的拉尔登。死后遗留著作(包括教育、哲学、政治、神学和文学等)据统计达265本(篇)之多。

夸美纽斯是新教育学的奠基人、伟大的思想家、杰出的民主主义教育家。

著名教育家凯洛夫这样评价："夸美纽斯是一位深邃而有独立见解的哲学家，也是一位博学而天才的教育家，他在新生一代的教学和教育理论实践上完成了一场革命。"

二、夸美纽斯的教育思想

夸美纽斯在总结人文主义教育成果，丰富教育实践的基础上，顺应时代要求，提出一整套有利于新兴资产阶级的教育理论，奠定了近代欧洲资产阶级教育理论的基础。

（一）论教育目的

夸美纽斯关于教育目的的学说，反映了他的世界观中宗教观和世俗观之间的矛盾。他认为教育的最终目的在于使人在身体、知识、德行、虔信几方面得到和谐发展，在于为人圆满地过好现世生活做预备，为来世永生做预备。他承袭圣经的观点，对人生的看法带有浓厚的宗教色彩，认为人的现实生活并非最终的目的，人生的最终目的，是趋向一个更高阶段，即是永生。他确认"现世的人生，也只是永生的一种预备，它存在的目的是使灵魂利用身体做中介，去为未来的生活预备各种有用的事项"，同时他又认为教育有其现世目的，人应该过好现世生活。夸美纽斯对现世生活所持的观点，与天主教僧侣们所持的观点相反，他不以消极和禁欲来对待现世人生，也不把现世生活当成黑暗与罪恶的根源，而是以积极乐观的精神来理解现世生活。他认为现世生活的目的就是为了创造一个美满的生活。为了使生活美满，心灵得到快乐，人应该成为理性的动物和万物的主宰。也就是说，人应该具有万物的知识，并能利用万物为人类服务。因此，他十分重视保持身体的健康强壮，要求家庭和学校都应注意使儿童的生活与学习有规律、有节制，合理安排运动与休息，形成强健的身体以促进智慧的发展。在发展智慧方面，他认为既要传授丰富的有用的知识，又要注意发展语言，培养朗读、谈话、书写和唱歌等技能。夸美纽斯也非常重视儿童的道德教育，要求"德行应该在邪恶尚未占住心理之前，极早就去叮咛"，"希望德行的实践能够成为他们的第二天性"。[1]总之，教育的培养目标应该把人类培养成具有广博知识以及终身为祖国服务的人。教育的目的就是给人以知识、德行和虔信，使人能理解万物和利用万物。尽管夸美纽斯对教育目的的看法具有深厚的宗教色彩，但与中世纪封建和宗教教育的那种只盲目崇拜神的权威，全然不管学生个人发展的僵化的教育目的相比，夸美纽斯所提出的教育目的是具有相当进步意义的。

（二）论教育作用

夸美纽斯高度评价了教育对人的发展具有重大作用。他受文艺复兴时代人文主义思想的影响，把人看作最优美、最完善的创造物，赞美人的智慧可以上天入地，无所不在，可以获得关于万物的知识。并且人人都有接受知识的智力，智力低到不能接受教育地步的，"在一千个人里面难找到一个"。他满怀信心地说："我们差不多找不出一块模糊的镜子模糊到了完全反映不出任何影像的田地，我们也差不多找不出一块粗糙的板子粗糙到了完全不能刻上什么东西的地步。"[2]而且，即使如此的话，镜子还可擦干净，木板也可以先刨平。教育也一定可以发挥作用。他坚信人生来便具有"学问"、"道德"和"虔信"的"种子"，"种子"的发展完全取决于人所受的教育。他说："假如要去形成一个人，那便必须由教育去形成"，"只有受过一种合适的教育之后，人才能成为一个人"[3]。只要教师肯于努力又讲求工作艺术，那么，人的知识和智慧可以无限地发展起来。

[1] 夸美纽斯著，傅任敢译.大教学论[M].北京：教育科学出版社，1999.178.220.

[2] 夸美纽斯著，傅任敢译.大教学论[M].北京：教育科学出版社，1999.65.

[3] 夸美纽斯著，傅任敢译.大教学论[M].北京：教育科学出版社，1999.35.36.

其次，夸美纽斯高度评价了教育对社会发展的促进作用。他认为"教育是人类得救"的重要手段，希望通过教育改变社会道德普遍堕落的现象，从而"使社会减少黑暗、困恼和倾轧"，得到光明与和平。同时他坚信，受过良好教养的民族，将善于利用自然力和地下宝藏，把土地耕种得"像在天堂里"那样好，还可以扫除愚昧和贫困，从而生活得富足、幸福。

再次，他重视儿童的差异和后天教育。夸美纽斯在高度评价教育作用的同时，对于儿童天然素质或品质的差异也很重视。对于这些不同素质和性格的儿童，教师应该"用合适的训练，使他们变为有德行"，[1]他认为这是我们力所能及的。夸美纽期还认为："一切人类生来都是渴于求知的"[2]，但实际上却有人缺乏爱好学习的倾向，这是由于"父母的溺爱、社会环境的引诱以及教师没有尽到责任所致"[3]。他郑重提出："一个做教师的人在传授学生知识以前，必须使学生渴于求得知识，能够接受教导，因而准备接受多方面的教育"[4]。

（三）论普及教育

夸美纽斯在17世纪30年代，继莫尔之后，又一次响亮地提出了普及教育的主张。他认为人应该成为理性的动物，认为一切人都能接受共同的教育，对当时只为富人设立学校、穷人很少能够上学的现象极为不满，对于因此而造成的埋没人才的现象，深为惋惜。他提出"所有城镇乡村的男孩和女孩，不论富贵和贫贱，都应该进学校。"[5]必须将初等教育普及到手工业者、庄稼汉、脚夫和妇女；同时，他也进一步提出"拉丁语学校也不应当限定只有富人、贵族和官吏的子弟才能入学"[6]。

---

[1] 夸美纽斯著，傅任敢译.大教学论[M].北京：教育科学出版社，1999.52.
[2] 夸美纽斯著，傅任敢译.大教学论[M].北京：教育科学出版社，1999.54.
[3] 夸美纽斯著，傅任敢译.大教学论[M].北京：教育科学出版社，1999.54.
[4] 夸美纽斯著，傅任敢译.大教学论[M].北京：教育科学出版社，1999.55.
[5] 夸美纽斯著，傅任敢译.大教学论[M].北京：教育科学出版社，1999.47.
[6] 夸美纽斯著，傅任敢译.大教学论[M].北京：教育科学出版社，1999.224.

夸美纽斯还论述了普及教育的主要场所，应该设在公立的初等学校里。他在《大教学论》中，以"青年人应该受到共同的教育，所以学校是必需的"为题，详细说明了学校的重要性，认为"学校是造就人的工场" [1]。这是因为处理共同的事务，需要适当的制度；父母没有充分的能力和时间教导他们的孩子；儿童在大的班级里，可以起互相激励的作用。因此，适应社会分工和人们职务专门化的，必须有学校这样的专门教育机关和教师这样专门的教育人员进行工作。为此，夸美纽斯广泛地论述了学校的重要意义，学校的民主性质，以及学校课程设置等问题。

夸美纽斯关于普及教育和扩大教育对象、实现教育民主的理想是十分进步的。在当时的历史条件下，广大劳动人民的子女是不可能享受到普遍的教育权利的。夸美纽斯也感到，供养众多的教师以维持学校和使贫苦的孩子有时间入学，在当时都是很难解决的困难问题。但是，他的这一要求在客观上反映了劳动人民的愿望，同时，还在于力图突破封建贵族和天主教会对学校，特别是中等学校和大学的控制，有利于为新兴资产阶级争取受教育的权利。为了实现教育的民主化和实施普及的初等教育，夸美纽斯强调学习祖国语言，并要求使用祖国语言进行教学。因此，他把初等学校定名为"国语学校"。他认为，儿童入学，首先应该学习祖国语言，然后再学拉丁语；在拉丁语学校接受中等教育，也仍然应该继续学习祖国语言。这反映了他否定天主教会控制的学校强迫儿童学习陌生的拉丁语，并以拉丁语作为教学用语的传统做法，同时，也是他改革学校工作，使教学进行得更为有效而又节省时间和精力的一项重要措施。

（四）论学校体系

夸美纽斯依据儿童的年龄特征，把人从出生到成年接受教育的过程分为4个阶段。每个阶段6年，并按照每个阶段身心发展的特征，设立相应的学校进

────────────────

[1] 夸美纽斯著，傅任敢译.大教学论[M].北京：教育科学出版社，1999.51.

行教育。

1. 幼年期（0岁至6岁）。幼年期的特征表现在身体的迅速成长和感觉器官的发展。夸美纽斯把这个时期为儿童设立的教育机构命名为母育学校。夸美纽斯母育学校是在"母亲的膝前"接受家庭教育，主要任务由母亲来担负。

首先，夸美纽斯论证了早期学前教育的意义。从儿童发展来看，早期教育易见成效，是培养人才的基础，学习应从婴儿开始；从家庭方面来看，对子女实施早期教育，父母才算"已圆满地完成了他应尽的义务"；从国家方面来看，儿童教育搞好了，可以提高民族素质，使国家富强，使社会得到改造。

其次，夸美纽斯为学前教育拟订了详细的教育内容。在体育方面，要注意合理喂养，保障儿童健康；注意安全，细心保护儿童身体健康；从而使幼儿生活有规律，情绪愉快。在智育方面，要教给儿童有关周围自然界和社会生活的基本知识。具体包括自然知识（水、土、空气、火、雨、花草虫鱼）、天文知识（天体、日、月、星辰）、地理知识（山川河流、城、乡）、算术知识（1到10、多与少的比较）等。同时要注意发展儿童的感知觉，发展其语言，训练手的操作能力等。在德育方面，要使儿童在幼年期就习惯于从事家务和劳动，为此，要使他们从小就能认识家里的常用用具及其应用。夸美纽斯还注意到对幼儿进行初步的道德教育，如培养他们具有节制、整洁、爱劳动、尊长、顺从、忍耐、老实、公正和爱人等品质。

2. 少年期（6岁至12岁）。少年期的特征主要表现在记忆力和想象力的发展，以及与此联系的语言和手等器官的发展。夸美纽斯为这个时期的少年儿童设计了国语学校。

按照夸美纽斯的设想，国语学校是为所有6~12岁的男女儿童设立的实施普及教育的初等学校。称国语，突出地指明在初等学校应运用本国语言进行教学，既有利于儿童进行学习，也为进一步学习拉丁语奠定基础。

夸美纽斯明确提出国语学校的任务，在于把对少年儿童终生有用的知识教给他们。在这里学习的主要内容是：学会用国语阅读和写作；学会利用阿拉伯数字及用计算器计算，唱著名歌曲；学习世界通史的初步知识；学习宇宙学中最重要的知识，如天体、地球、海洋的潮汐、大海的形状、江河的流域、地球的主要划分、欧洲的主要国家，尤其是本国的城市、山岳、河流等等。宗教课程和道德教育占有一定的重要地位。

此外，夸美纽斯还认为少年期的儿童应当学习技艺，使受完国语学校教育的儿童，既为将来升入中等学校性质的拉丁语学校打好基础，也为将来从事农业、商业或其他职业的儿童培养实际工作的能力。

3. 青年期（12岁至18岁）。青年期的特征除少年期所具有的特征之外，思维能力（理解与判断）有了更高的发展。夸美纽斯为这个时期的学生设计了拉丁语学校。

夸美纽斯把古典中学性质的拉丁语学校看作是为学生奠定基础的，以便其将来再接受高深的教导。他认为拉丁语学校应使学生得到一种百科全书式的知识。学生学习的主要内容，除经院主义学校的"七艺"学科外，还增加了物理学（当时称为自然哲学）、地理和历史。在语言学科方面，要学习拉丁语、希腊语、国语和一门现代国语。

夸美纽斯要求学生在学习了语文（语法）之后，即转入学习自然哲学（物理学、数学），继而学习哲学（伦理学、辩证术），而以修辞学的学习来完成整个古典中学的课程。夸美纽斯分别以拉丁语学校6个年级的主要学科依次命名各个年级班，即文法班、自然哲学班、数学班、伦理学班、辩证术班、修辞学班。

4. 成年期（18岁至24岁）。成年期的特征是意志的发展和保持和谐的能力。夸美纽斯为这个时期的学生设计了大学。

夸美纽斯认为大学的任务是培养神学、医学、法学等专门人才以及教师、国家和学校的领导人员。青年在大学里应学习其所从事研究的完全而彻底的知识。各类作家的原著应成为大学的主要学习内容。大学里的授课应采取讲演和自由辩论的方式。大学设神学、医学、法学等科,他还设想设立教学法学院。大学的入学通过一种公开考试,选拔毕业于拉丁语学校的优秀学生入学,毕业时学位的获得应由国家选派的委员会进行公开考试。在第6年的末尾,学生以旅行作为大学的结束。

很明显,夸美纽斯拟定了人类教育史上第一部完整的单轨学制。这是对中世纪分散、孤立、不连贯、不统一的封建等级教育的有力冲击,使学校系统相互衔接,首尾一贯。另外,他把有目的、系统地对学龄前儿童进行教育的特殊形式——学前教育(母育教育)纳入统一学制,更是伟大的创见。

（五）论学年制和班级授课制

针对中世纪学校组织十分松散,学生入学或离校停学的时间没有统一规定的普遍现象,夸美纽斯提出学校工作实行学年制的要求。他要求公立学校在一年的同一时间开学,同时放假,每年招生一次,秋季始业。学生一经入学,必须坚持完成学业,不允许中途辍学或逃学。学校工作应按年、按月、按日、按时计划妥当;教学科目也要根据儿童认识发展的顺序予以合理安排。他认为,这样做可以使一个班级的学生在一定的时间里都达到规定的学习标准;在学年终了时,通过考试,同时升级。他还建议,国语学校每天学习4小时,拉丁语学校每天学习6小时,每个学时之间都要安排一定的休息时间。夸美纽斯认为,实现上述要求,学校工作就可以进行得既有秩序而又富于成效。

针对中世纪学校教学效果低的个别施教的传统做法,夸美纽斯提出实行班级教学制,即把学生组成班级,由一位教师面向班级统一授课。教师只对班级施教,不进行个别指导。在班级上课的时间里,除讲课之外,教师还应允许学生提出疑问,并通过提问进行必要的练习,特别是重述练习。夸美纽斯认为,一个教师同时教几百个学生,不仅可能,而且也是有益的,它将大大地提高教学的效果,可以减轻教师的工作负担,有利于学生学习。他指出采用这种办法的结果是:从教师来说,"工作可以减轻","一个教师可以教导100个学生,所费的劳力是和教几个学生一样小的"。从学生来说,"大群的伴侣不仅可以产生效用,而且也可以产生愉快(因为人人乐于劳动的时候得有伴侣);因为他们可以互相激励,互相帮助。"[1]特别在班级里进行练习或复述时,"一个人的心灵可以激励另一个人的心灵,一个人的记忆也可以激励另一个人的记忆。"[2]学生中"不同的表达方式可以增进和加强学生对于教材的熟悉程度"。因此,班级教学"为教师,为学生,这都是个最有利的方法,教师看到跟前的学生数目愈多,他对于工作的兴趣便愈大,教师自己愈是热忱,他的学生便愈会表现得热心。"[3]

当然,夸美纽斯过分夸大了班级教学的效率,主张一个教师同时教很多的学生,甚至提出同时教几百个学生,这显然是不符合实际的。事实上,一个教师同时教几百个学生,无疑是有困难的。于是为了切实安排好教与学,他又提出建议,可以将一个班级的学生分成许多个10人小组,由教师委派优秀学生做"十人长",协助教师管理小组、考查学业。可见,夸美纽斯当时对这种崭新的教学制度,还缺乏经验的积累,对于教师在教学中主导作用的发挥认识得还不够深刻。

对于确立班级教学制度的要求,夸美纽斯也提出了比较详细而正确的论述:

①应有一定的教学目标。学生每年、每月、每日所应达到的目标,都要做详细的规定,使教学按照计划进行。

[1] 夸美纽斯著,傅任敢译.大教学论[M].北京:教育科学出版社,1999.124.

[2] 夸美纽斯著,傅任敢译.大教学论[M].北京:教育科学出版社,1999.124.

[3] 夸美纽斯著,傅任敢译.大教学论[M].北京:教育科学出版社,1999.124.

②每个班级应有固定的课本。班级里所有学生都用同样的课本，"它们应当页页相同，行行相同"[1]。

③一切科目都用同一的方法教导。即所有的科学、艺术与语文都应用一个"自然的教法"，也就是说"教师必须根据学生的能力和他们在他所教的实际语言或艺术上所获得的进展"[2]来施教。他认为，"普遍地采用自然的方法，对于学生是一种巨大的利益，就像平坦而无歧途的道路对于旅行者一样"[3]。

④全班学生同时应做同样的功课。很明显地，"假如全班的学生同时都做作同样的功课，这是一种有用的安排，因为这样一来，教师所受的麻烦就会减少，学生的所得利益就会增大。只有到了全班的注意都集中在同一个目标，全班都轮流去改正别人错误的时候，热烈的竞争才能发生"[4]。

⑤每种科目应该与相关的事项一道教授。例如，"文字应当永远和事物一道教授，一道学习"。他认为，"文字的解释应当照顾到文字所指的事物；反之，学生也应当学会用语言去发表他们一切所见、所听、所做或所尝的东西"[5]。其次，阅读与写作的练习应当结合在一道。他说，"学生们初学习字母，他们就应当写那些字母"。"他们在学读拉丁文、希腊文的时候，他们若去反复阅读、反复抄写各种名词变用和动词的适用法，直到因此彻底学会了阅读、书写、字义和尾位的形成为止"[6]。再如，文体的练习应当和练习推理的能力一道进行。"这样，由于一次的努力，文体的观念就可以获得，推理的能力就可以增进"[7]。又如教与学可以联合一道。"学生们是能把刚刚学过的科目教给别人的，这种方法不仅可以使他们懂得彻底，而且可以使他的进步来得更快"。最后，严肃的工

[1] 夸美纽斯著，傅任敢译，大教学论[M].北京：教育科学出版社，1999.131.
[2] 夸美纽斯著，傅任敢译，大教学论[M].北京：教育科学出版社，1999.132.
[3] 夸美纽斯著，傅任敢译，大教学论[M].北京：教育科学出版社，1999.132.
[4] 夸美纽斯著，傅任敢译，大教学论[M].北京：教育科学出版社，1999.131-132.
[5] 夸美纽斯著，傅任敢译，大教学论[M].北京：教育科学出版社，1999.134.
[6] 夸美纽斯著，傅任敢译，大教学论[M].北京：教育科学出版社，1999.135.
[7] 夸美纽斯著，傅任敢译，大教学论[M].北京：教育科学出版社，1999.135.

17

作应与娱乐结合在一道。这是指把"用来舒畅学生心理的娱乐"运用到各科教学,"使他们在消遣的时候也能够受到一种一定的印象,这是极有用处的"。[1]

⑥教学时应经常保持学生的注意。这是保持班级教学顺利进行的必要条件。夸美纽斯为教师订立了如何保持学生注意的规则:教师在教学时,"肯不断地耐心介绍一些有趣的和有用的事物";在开始新课的时候,"能把它用一种吸引人的方式放在学生的跟前,或者向他们发出问题,这样去激起学生的兴趣";教师站在讲台上面,"眼光看得到所有的学生";教师"在一切可能的时候都去利用感觉,尤其是视觉";"在功课完毕以后,要让学生想要得到解释的不论是当时的功课,或是以往的功课,都有提问的机会";以及在教学中让学生复述教师所讲的材料,轮着提问学生,和向全班学生提问等等。

班级教学制度及其理论的确立,是夸美纽斯对近代教育学最大的贡献之一。这一理论,大大加强了学校工作的计划性,提高了教学效率和实际的社会效益,符合资本主义发展对人才数目、质量的要求,也符合近代教育发展的需要。

(六) 论教学过程

在夸美纽斯的时代,经院主义的教学原理和方法,在学校中还占统治地位。经院主义教学的特征是脱离实际生活的教学内容和呆读死记的教学方法,学生在教学过程中的主要活动是死记硬背,任务只是记住教师的语言和背诵书中的教条。在教学中不许学生有独立思考,加之盛行体罚,致使整个教学过程缺乏生气。

夸美纽斯适应当时资本主义发展而提出培养人的多方面才智的要求,针对经院主义教学过程的死气沉沉的情况,提出崭新的富有生气的教学过程的理论。其教学过程的基本程序是:由对事物的直观到对事物的理解,再由对事物

[1] 夸美纽斯著,傅任敢译,大教学论[M].北京:教育科学出版社,1999.136.

的理解到关于所理解事物的知识的记忆，最后是用语言或书面表达，练习把所记忆的知识表达出来。

夸美纽斯主张教学过程应先从对事物的感知入手，他认为经院主义教学一切从书本知识出发，违背教学过程本身的规律性，离开事物本身的做法是荒谬的。指出，一切知识都不应根据书本的权威去给予，而应实际指证给感官与心智，得到它们的认可。他甚至认为，教导应该在可能的范围以内通过感官去进行。其次是对事物的理解或领会，通过感官进行教学是为了彻底领会或理解所学习的材料。他认为只有彻底理解或领会了所学习的事项，才能让学生去记忆或去做那个事项。他指出，"凡是没有经悟性彻底领会的事项，都不可用熟记的方法去学习"，他又说，"无论什么事情，除非已经把它的性质彻底解释给孩子们听了，又把进行的规则教给了他们，否则不可叫他们去做那件事情。"[1]再次是对所理解事物的知识的记忆，他强调指出，只有彻底地懂得，并且记忆了的东西，才能够看作心理的财产。因此他认为每种科目既被悟性彻底领悟之后，就应该记住。最后是练习。他把练习看作是使教学达到彻底的必要手段，他说，所教的科目若不常有适当的反复的练习，教育便不能达到彻底的境地。而练习的进行应该在理解与记忆之后，他这样指出，"学生首先应当学会理解事物，然后再去记忆它们，要到这两点已经经过训练之后，方才可以着重言语与笔墨的运用。"[2]

夸美纽斯关于教学过程的理论，在反对经院主义教学死记硬背不切实际的教条的死知识方面，的确起了非常重要的作用，但他这种理论显然还存在着不足或错误之处：（1）把对事物的感知看做一切教学的起点，犯了片面性的错误；（2）按照他的教学过程理论，对事物的理解只限于事物的现象上，不可能

---

[1]　夸美纽斯著，傅任敢译，大教学论[M].北京：教育科学出版社，1999.146.

[2]　夸美纽斯著，傅任敢译，大教学论[M].北京：教育科学出版社，1999.148.

上升到对事物本质的理解；（3）由于时代的局限，他还不可能懂得教学与社会实践的关系；（4）他正确地指出教师在教学中的主导作用，但却不适当地把教学中的责任完全放在教师身上。

（七）论教学原则

夸美纽斯在尖锐地批判经院主义学校教学工作的弊病与危害的基础上，详尽地论述了自己有关教学原则的主张。其中包括直观性原则、主动性和自觉性原则、系统性和循序渐进原则、巩固性原则、量力性原则和因材施教原则。

1. 直观性原则。在夸美纽斯的教学理论中，直观性原则是他极为强调的一条重要的教学原则。他从"一切知识都是从感官的感知开始的"这一命题出发，把通过感官所获得的对外界事物的感觉经验作为教学的基础，要求"在可能的范围以内，一切事物都应该尽量地放到感觉的跟前。一切看得见的东西都应该放到视觉的跟前，一切听得见的东西都应该放到听觉的跟前。气味应该放到嗅觉的跟前，尝得出和触得着的东西应当分别放到味觉和触觉的跟前。假如一件东西能够同时在几种感官上面留下印象，它便应当和几种感官接触。"[1]假如事物的本身不能得到，便可利用它们的代表物"范本或模型"。

夸美纽斯直观性原则的理论基础是感觉论。他提出以下的理由：第一，知识的开端永远是从感官得来的。第二，"科学的真实性与准确性，其所赖于感官的证明者较之其他一切事项都要多。"[2]第三，感官是"记忆的最可靠的仆役"。所以只有通过感觉的直观，才会获得深刻的印象，从而有助于记忆。

夸美纽斯在教育史上最早对直观教学进行了理论论证，并且大大充实了和具体化了它的内容。但是由于他所处的时代和当时哲学发展水平的限制，使他对于直观性原则做出了一些错误的论断，如过高地夸大了直观性原则在教学中

---

[1] 夸美纽斯著，傅任敢译，大教学论[M].北京：教育科学出版社，1999.152.

[2] 夸美纽斯著，傅任敢译，大教学论[M].北京：教育科学出版社，1999.152.

的作用, 把实物观察与文字的学习割裂开来, 这是片面的、机械的。

2. 自觉性和积极性原则。夸美纽斯认为学习的首要条件是自觉地学习, 强迫儿童学习功课, 非但不能达到成人期望的结果, 反而会造成很大的伤害, 这是违反自然规则的。他主张人对于学习是有热情和喜爱之情的, 因此, 在教学过程中, 应首先把学生的学习热情和欲望激发起来。父母、教师、学校以至国家, 都应采取一切可能的方法去激发学生求知的愿望。

怎样才能激起学习的热情和欲望呢? 夸美纽斯对此也提出了一些积极性的建议。首先, 他认为, 只有选择实际有用的知识作为教学内容, 而且必须向学生说明它的益处, 这是激发学生学习愿望和积极性的重要基础。其次是对于所教授的事物的彻底解释, 他希望教师们, 对学生应学的科目应该彻底加以解释, 使他们懂得, 如同懂得他们的5个指头一样。再则应该从事物的原因去教导, 他指出, "知识不是别的, 只是我们精通了一件事物的原因, 与对它的熟悉而已。"[1]夸美纽斯针对经院主义强制性教学的错误做法而提出教学中的自觉性、积极性原则, 有着很重大的意义, 但他没有也不可能提供如何激发学生学习自觉性与积极性的真正途径。

3. 系统性与循序渐进性原则。夸美纽斯认为, 自然界的发展和人类许多活动的进行, 都是井然有序的, 那么, 学生在学校中的学习, 也应该是周全、系统且循序渐进的。为了实现这个目的, 应先从教学要有系统性的计划做起, 他指出, "一门功课的排列, 应组成一个百科全书式的整体, 其中一切部分全该来自一个共同的来源, 各在各自正当的地位。"[2]

关于如何有系统地、循序渐进地进行教学, 夸美纽斯的主张可归纳为以下几个方面: 在教学内容上, 要妥当地安排教学科目顺序, 每一学科的内容要仔细

---

[1] 夸美纽斯著, 傅任敢译. 大教学论[M]. 北京: 教育科学出版社, 1999.137.

[2] 夸美纽斯著, 傅任敢译. 大教学论[M]. 北京: 教育科学出版社, 1999.146.

分成阶段，"务使先学的能为后学的扫清道路"[1]。在知识教学的安排上，要求做到由近及远，由易到难，由简到繁，由已知到未知，由具体到抽象等等。在教学时间的安排上，也要仔细划分好，"务使每年、每月、每日、每时，都有它的指定的工作"[2]。此外，他还要求在学生学习知识的过程中，要按其认识活动的特点，首先从感官的活动开始，进行观察；在理解的基础上再去记忆；最后才是进行实际运用的练习。总之，夸美纽斯要求学校"自始至终，要按学生的年龄及其已有的知识循序渐进地进行教导"[3]。

4. 巩固性原则。夸美纽斯以学生牢固地掌握所学习的知识，并达到随时可以应用的程度，作为衡量教学是否有效的标准。他把学了知识而没有巩固下来，比喻为继续不断地向筛子上泼水，这是不会使人增长智慧的。他为实行巩固性原则拟定了一些规则：首先要把学习的基础打好。他指出，"一切先学的功课都应该成为一切后学功课的基础，这种基础是绝对必需彻底地打定的。""科目的概念应当彻底印入学生的脑际。在这种步骤没有小心地做到以前，关于艺术或语文的更详细的解释就不应当尝试。"其次，要记住已领悟的教材。他说，每种科目既被悟性彻底领悟之后，就应该记住。他并且提出帮助记忆的方法，他指出，"所教的一切事项都应得到良好理由的支持，以免轻易产生疑问，或者容易忘记。这种理由确是把一件东西巩固在记忆里面，使它不致忘却的钉子、钩子和夹子。"[4]还有，他主张多做练习和经常复习，认为这是巩固性教学所必不可缺的因素。他指出，"所教的科目，若不常有适当的反复与练习，教育便不能够达到彻底的境地。"他因而提出教师应使学生经常做到以下三个方面："为自己寻找并且获得心智的粮食；吸收，并且消化他所找到的；分配他

[1] 夸美纽斯著，傅任敢译，大教学论[M].北京：教育科学出版社，1999.97.
[2] 夸美纽斯著，傅任敢译，大教学论[M].北京：教育科学出版社，1999.98.
[3] 夸美纽斯著，傅任敢译，大教学论[M].北京：教育科学出版社，1999.215.
[4] 夸美纽斯著，傅任敢译，大教学论[M].北京：教育科学出版社，1999.124.

所消化了的给别人去分享。"这三个方面是在著名的拉丁文偶句里面所提示的：
"去发现问题，去记住答案，去把自己所记住的教给别人，这3种东西就可以使
得学生胜过他的先生。"这里第三个方面据他的说明，也就是让学生一个一个
地按照教师所讲的，"按照原来的次序，把刚才所说的重述一遍（好像是其余
的人的老师一样），他的解释要用同样的字眼，要举同样的例证，如果复述错了
就要给他改正"，"一直到看得出人人都已明白了那堂功课，都能解释为止。"[1]

5. 量力性和因材施教的原则。夸美纽斯正确地提出教学应根据学生的年
龄及其能力来进行。教学的科目及其内容的排列应根据学生的年龄及其理解程
度。他指出，一切应学的科目都应加以排列，使其适合学生的年龄，凡是超过了
他们的理解的东西，就不要给他们去学习。其次，在教学中应该考虑到学生的
接受能力而不使他们负担过重。他建议："（1）班级授课尽量加以缩减，即是减
到4小时，自修的时间也相等。（2）尽量少要学生去记忆，这就是说，只记最重
要的事项，对于其余的，他们只须领会大意就够了。（3）一切事情的安排全都适
合学生的能力。这种能力自然会和学习与年龄同时增长的。"

夸美纽斯要求教学应根据学生的年龄和能力的同时，还要求教学要适应
各个学生的心理、学习的品质和能力。他指出："知识若是不合于这个或那个学
生的心理，它就是不合适的。因为人们的心理的分别和各种植物、树木或动物
的分别是一样巨大的；这个须这样去对付，那个又必那样去对付，同一个方法是
不能够同样地施用于一切人们的。"这种"因材施教"的教学基本原理是应该
肯定的。

（八）论道德教育

夸美纽斯认为，人类有了道德，也就"高出一切造物之上"。因此，他强调
指出，道德应当通过学校这个"人类的锻炼所"来培养。学校的任务不应该只

---

[1]　夸美纽斯著，傅任敢译，大教学论[M].北京：教育科学出版社，1999.117.

是去教导科学，还应该是教导道德，学校应该把一切德行都在青年身上培植起来，"因为在道德上面，没有一件事情是能够省略而不留下一道罅隙的"。在夸美纽斯看来，学校应当着重培养的德行是"持重、节制、坚忍与正直"。这4种主要德行的内容及其意义在于：（1）持重是"对于事实和问题的健全的判断"，他认为这"是一切德行的真正基础"。要求学校培养学生学会对事物作健全的判断，使正确的判断成为学生的"第二天性"；（2）节制是一种在各种生活行为方面不过度的品质，要求学生了解"一切不可过度"的道理；（3）坚忍是要求孩子们习于用自己的理智去做一切事情，要求学生学会坦率大方地与人交往并养成忍劳耐苦的品格；（4）正直是要求学生正直待人，不损害他人利益，乐于助人，避免虚伪与欺骗。

至于如何进行德育，夸美纽斯提出了以下道德教育的方法，主要有：实践、榜样、训条与规则、避免不良社交和惩罚。（1）实践。他认为"德行是由常做正当的事情学来的"。因为"我们是从学习知道我们应当学习什么，从行动知道我们应当怎样去行动的。孩子们容易从行走学会行走，从谈话学会谈话，从书写学会书写；同样，他们可以从服从学会服从，从节制学会节制，从说真话学会真实，从有恒学会有恒"。一味叮咛告诫而不要求实践，在教学工作上不行，在教育工作上更不行。（2）榜样。他所谓的榜样包括书本上的榜样和活生生的榜样两种，认为"事实上活的榜样更为重要，因为它们所产生的印象更加强烈"。他主张"父母、褓姆、导师和同学的整饬的生活的榜样应当不断地放到儿童的跟前"。因为孩子们善于模仿，所以易于接受榜样的影响，如此一来，教师的以身作则就不能不提到首要地位了。（3）训条与规则。他认为训条与规则是模仿的"补充与强化"，在培养孩子们的道德行为时，应当有道德训条与规则的教导，使他们从道德理论上了解道德行为的意义。（4）避免不良的社交。他认为"青年人应当小心地防备一切腐败的根源，如不良的社交，不良的谈话，没有价值的书籍之类","否则他们便会受到传染"。（5）惩罚。这是道德教育中不可缺少的方法，并且"永远应该当场执行，使邪恶刚一出现就受到遏抑，或在可能的范围内连根拔除"。惩罚之所以需要，就是使"犯了过错的人应当受到惩罚。但是他们之所以应受惩罚，并非因为他们犯了过错，而是为了要使他们日后不去再犯"。在施行惩罚的时候，教育者应该确知惩罚的目的和方法，不应盲目施用。他说："教育青年人最好能够使其知道它的目标，它的题材，和它的可以采用的各种方式，然后就可以知道有系统的严酷是为什么要施用，什么时候应当施用和怎样一个用法了。"在施用惩罚时，应当免去一切感情用事，应使受罚者感到你是公正的。他指出，"纪律应当免除人身的因素，如同忿怒或憎恶之类，应当以坦白的态度，持以诚恳的目的，使学生也能知道是为他们好处。"

夸美纽斯在道德教育上没有脱离宗教道德的规范，他还保留着宗教的道德观。在道德教育的内容和方法上，他所做的研究远不如他在教学理论上的深邃和丰富，但他也提出了一些较有价值的见解，如在培养主要德行方面注意到培养节制、坚忍的德行，在方法方面重视实践和榜样，这些思想都是具有积极意义的。

（九）论教师的地位和作用

夸美纽斯非常重视教师的地位和作用，他认为教师的职位是"太阳底下再没有比它更优越的"的职位。在当时来说，这是一种进步的观点。因为在此以前，教师的职业，特别是小学教师的职业，没有受到尊重。夸美纽斯要求一方面社会要尊重教师，另一方面，教师自己应当明白他在社会中起着重要的作用，应该充满自豪感。

夸美纽斯向教师提出较高而正确的要求。他认为教师应该是一切善行的公正、积极、坚决的活的模范。他要求教师要以整饬的生活的榜样不断地放到儿童的跟前，他们"是用了最大可能的小心选来的，具有优异的德行"。教师应爱护自己的事业，以慈父的态度对待学生，考虑和鼓励儿童的学习兴趣。他要求教师要做到能激发"孩子们求学的欲望"，他们必须"是温和的，是循循善诱的，不用粗鲁的办法去使学生疏远他们……"他还要求教师要把教育事业奠定在科学基础之上，就是要把训练心智的艺术奠定在一个坚固的基础上面，使我们能够得到可靠的与准确的进步。

夸美纽斯生活在欧洲从封建社会向资本主义社会过渡的时代，他是这个时代孕育出来的伟大教育家。夸美纽斯对世界教育的贡献是巨大的。他在批判旧教育的基础上提出了一整套比较系统的教育理论体系，为近代西方教育理论的发展奠定了基础。他的教育代表作《大教学论》的出版，标志着独立的教育学的诞生。他抨击中世纪的等级教育，主张教育对象普及化，相信人人都可以接受科学知识的教育，并为此设计了一种崭新、统一的学校体系，为后来资本主义教育制度的形成奠定了基础。他所创立的班级授课制和学年制是教育史上的伟大创举，为后人广泛采用，至今仍有强大生命力。他提出教育适应自然的原则，要求教育要符合儿童的身心发展特点和教学客观规律，提出了教学应奉行的几大原则，他关于道德教育和教师地位的论述等，至今仍有重大的现实意义。当然，夸美纽斯的思想受其时代和自身认识的局限，也具有一定的片面性。例如，他过分夸大了直观教学的作用。他一方面主张学习实际有用的知识，另一方面又加强了神学的教学，宗教色彩十分浓厚。尽管如此，夸美纽斯仍称得上是教育上的"哥白尼"，是西方古代教育理论的集大成者。

夸美纽斯的名著之一:《大教学论》

一、成书背景

1632年,夸美纽斯在经过了约5年的酝酿及写作之后,用捷克文完成了其教育思想的代表作《大教学论》(Magna Didactica)。此后他又用了5年的时间修改、扩充,并听从友人的劝告,改写成当时学术界通用的拉丁文。1657年,他将该书列为《教育论著全集》的首卷首篇正式出版。

夸美纽斯生活在17世纪,是一个介于文艺复兴、宗教改革与启蒙运动之间的时代,也就是欧洲的封建社会开始解体、资本主义社会逐渐形成的特殊阶段。作为一名积极追求进步的教育家,夸美纽斯对腐朽落后的中世纪传统经院主义教育产生了强烈的反感,主张建立资产阶级新教育,用自然科学和社会科学来服务人民。当时的教育体制没有统一的制度,随意设置年限,并且没有统一、严格的教育组织形式,衔接过程中存在着诸多麻烦。夸美纽斯觉得要想实现自己的泛智教育思想,必须打破当时的教育体制的樊篱,对其进行改革,创造出一种全新的教育模式。正如作者在该书开篇所写的,"本书主要阐明把一切事物教给一切人类的全部艺术",其写作目的是"寻求并找出一种教学的方法,使教员因此可以少教,但是学生可以多学;使学校因此可以少些喧嚣、厌恶和无益的劳苦,多些闲暇、快乐和坚实的进步;并使基督教的社会因此可以减少黑暗、烦恼、倾轧,增加光明、整饬、和平与宁静"。

《大教学论》作为夸美纽斯教育思想的精华,是夸美纽斯在批判当时教育体制、总结前人研究成果的基础上，经过长期构思，几经修改而写成的重要教育论著。该书对世界各国的教育发展产生了深远影响。经过夸美纽斯的大力提倡，班级授课制从欧洲开始盛行，而后逐步传播到世界上几乎每一个角落，在以后的几百年教育发展中显示了强大的生命力。该书提出的一系列措施启迪了近代世界各国的教育革新运动。其中提及的直观教学、系统教学、巩固教学等一系列教学原则，至今仍被教师们用于教学实践。

遗憾的是，此书很晚才传到中国，20世纪初，我国学者王国维对它的内容曾做过简要介绍。1939年，我国著名翻译家傅任敢将《大教学论》翻译成中文，当时译为《大教授学》，由商务印书馆出版。1957年，译者对译文作了修改，并将书名改译为《大教学论》，由人民教育出版社出版，此后又曾再版。全书共760页，20余万字。

二、篇章结构

《大教学论》的内容远远超出了"教学"的范畴，它实际上是一本系统的教育学著作。全书共33章，按照论述内容和结构来看，大致可以划分为以下几个部分[1]：第一部分是总论，包括第一章至第五章；第二部分阐述教育的必要性和教育的普及，包括第六章至第九章；第三部分提出教育改革的必要性与可能性以及设立新学校的基本原则，包括第十章至第十五章；第四部分是教学论，包括第十六章至第二十四章；第五部分论教材与学校纪律，包括第二十五章和第二十六章；第六部分论学制与课程，包括第二十七章至第三十一章；第七部分是实现教育理想的呼吁，包括第三十二章和第三十三章。

第一部分　总　论

第一章"人是造物中最崇高、最完善、最美好的"可以看作是全书的绪论

─────────
[1]　此划分方法根据姚伟主编.中外幼儿教育名著解读 [M] . 南京: 师范大学出版社, 2008.227.

或引言。反映了作者的人文主义世界观,充满了对人类自身的尊重和信任,同时指出教育对象是人,这是夸美纽斯全部教育思想的理论基石。

第二章"人生的终极目标在今生之外"提出:"我们每个人的生活和住所都有三重,即母亲的子宫、世上和天堂。从第一重到第二重,所经由的是诞生;从第二重到第三重,所经由的是死亡与复活;到第三重,便不再动了,永远歇在那儿。"另外,"第一重是第二重的预备,第二重是第三重的预备,而第三重则为自己而存在,此外别无目的"。

第三章"今生只是永生的预备"认为,现世的人生,严格讲并不是人生,而是永生的序幕,世间的生活只是永生的一种预备,其目的是使灵魂利用身体作中介,去为未来的生活预备各种有用的事情。

第四章"永生的预备有三个阶段:知道自己(并知万物)、管束自己、使自己皈依上帝"论述了人的成长方向:"由此可见,人在有形的造物之中要成为理性的动物、一切造物的主宰、造物主的形象和爱物。"人生的成就在于熟悉万物,具有管束万物与自己的能力;使自己与万物均归于万有之源的上帝。

第五章"这三者(学问、德行与虔信)的种子自然存在我们身上"指出:人类的一切优点都完全表现在博学、德行和虔信这三种品质中,这是今生与来生的基础,是我们生活的要点。

第二部分　教育的必要性和教育的普及

第六章"假如要形成一个人,就必须由教育去形成"阐述了教育的必要性。认为知识、德行与虔信的种子是天生在我们身上的,但应该从祈祷、教育、行动中去取得,只有受过恰当教育之后,人才能成为一个人。

第七章"人最容易在少年时期去形成,除了这种年龄就不能形成得合适"指出,凡是生而为人的人都有受教育的必要,一个人愈是多受教导,他便愈能按照准确的比例胜过别人。塑造人、教育人,应从少年儿童时期开始,因为这时候欲望正在沸腾,思想很迅捷,记忆很牢固。因此,在很小的时候,就要把人形成到合乎智慧的标准,养成良好的习惯。

第八章"青年人应该受到共同的教育,所以学校是必需的"和第九章"一切男女青年都应该进学校"讨论普及教育和学校在人的发展中作用的问题。学校的产生为少年儿童接受教育创造了必要的条件。一切男女儿童,不分富贵贫贱,都应该进入学校,学校应该是面对所有人的教育场所。夸美纽斯坚信人受教育而获得发展的可能性,驳斥智力迟钝的儿童不宜学习的论调。

第三部分 教育改革的必要性与可能性,设立新学校的基本原则

第十章"学校教育应该是普遍的"论述了学校教育应促进学生的全面发展。真正的"人"是一个理性的动物,一个为一切生物之主、为自己之主的生物,一个为造物主所喜爱的生物。学校应成为造就人的工场,实现真正的人生目的。应该借助学校做到:通过科学与艺术的研究来培植我们的才能;学会语文;形成诚笃的德行;虔诚地崇拜上帝。

第十一章"在此以前没有一所完善的学校",对当时学校的种种弊端进行批判,指出其不足之处:①没有普遍设立学校。②"当时没有一所完善的学校,学校不是为整个社会设立的,而只是为富人设立的,因为进学校要花钱,穷人除了遇到某种机会比如有人怜惜他们以外,是不能够进入学校的。"③"学校教导学生的方法是非常严酷的,学校变成了学生恐怖的场所,变成了他们才智的屠宰场。大部分学生对学习与书本都感到厌恶,都急于离开学校,跑到手艺工人的工场,或找别种职业去了。"④"继续学下去的人都没有获得一种认真的或广博的教育,获得的只是一种荒谬的和害人的教育。"⑤"学校培养不出合乎德行的品性,培养出的只是一种虚伪的道德外表,一种令人生厌的、外来的文化皮毛和一些专务世俗虚荣的眼光与手脚。"

第十二章"改良学校是可能的",针对当时教育中存在的问题,论述了教育改革的可能性，提倡创办新学校。夸美纽斯指出新的教育体系应当包括以下内容：①一切青年都能受到教育。②他们都能学到一切可以使人变得有智慧、有德行、能虔信的科目。③教育是生活的预备，能在成年以前完成。④实施教育不用严酷或强迫的方法，而应用温和、轻快、自然的方法。⑤这种教育应是真实的、彻底的。⑥教育是轻松的，课堂教学每天只有4小时。一个教师可以同时教几百个学生，而所受的辛苦要比现在教一个学生少10倍。夸美纽斯在这里表示了改革教育的信心："只要没有完全败坏，每一个人都是可以成为一个人的"，"因为对于一棵欣欣向荣的嫩苗，园丁是一定可以施展他的移植技巧把它培养成一株树木的"。

第十三章"改良学校的基础应当是万物的严谨秩序"，论述了关于改良学校的基础。夸美纽斯根据日月运行、动物的活动、人体结构、国家组织以及马车、大炮、印刷机和时钟的机械原理，证明在宇宙万物中存在着一种普遍的自然秩序，并把教育适应自然作为改革学校的主导原则。

第十四章"教导的严谨秩序应当以自然为借鉴，并且必须是不受任何阻碍的"指出：秩序是把一切事物教给一切人们的教学艺术的主导原则，这个原则彻底地被掌握以后，艺术的进行立刻便会同自然的运行一样容易。将自然当做向导，要依据以下原则：①延长生命的原则。②精简科目，使知识能够更快地获得的原则。③抓住机会，使知识一定能被获得的原则。④开发心智，使知识容易获得的原则。⑤使判断变锐利，使知识能够彻底地被获得的原则。

第十五章"延长生命的原则"提出，良好的学校组织主要在于工作与休息分配得当，有赖于读书、松缓、紧张的间隙与娱乐的分配。教师要引导儿童遵守饮食有节制、身体有运动、注意休息这3个原则，尽可能长久地保持生命与健康。为了使儿童能茁壮成长，作者对教与学提出了一系列要求和建议。

第四部分　教学论

第十六章"教与学的一般要求,即一定能产生结果的教与学的方法"论述了教学规则和方法,并通过"自然—模仿—偏差—纠正"的步骤进行引导和说明。即先提出一条自然规律,然后列举人类活动是如何模仿和遵循这些规律进行的,接着对当时教育实践中存在的缺点与不足加以批判,最后指出正确的方法,引导人们按照正确的模式进行教学。正确的规则和方法是:①自然遵循适当的时机。②自然先预备材料,然后再给它形状。③自然选择一个适合的事物去有所作为,或是先把它加以合适的处理,使它变得合适。④自然的作为不是杂乱无章的,而是界限分明地、一步一步地进行的。⑤在自然的一切事物里面,发展都是内发的。⑥自然在它的形成过程中是从普遍到特殊的。⑦自然并不跃进,它只一步一步地前进。⑧自然如果开始了什么工作,不到工作完成,决不离开。⑨自然小心地避免障碍和一切可能产生伤害的事物。

第十七章"教与学的简易性原则"提出了教育要遵循自然的原则,包括以下10个方面:①自然从小心地选择原料开始。②自然使原料真正获得它的形状。③自然发展中一切事物都是从头开始的,开头虽无关紧要,但是具有巨大的潜伏力量。④自然从容易的进到较难的。⑤自然并不使自己负担过重,它有一点点就满足了。⑥自然并不性急,它只慢慢地前进。⑦自然不强迫任何事物去进行非它自己的成熟了的力量所驱使的事。⑧自然采取一切可能的方式去协助它的工作。⑨自然所产生的事物没有不能明显地看出其实际用途的。⑩自然的一切作为全是划一的。

第十八章"教与学的彻底性原则"主要包括以下10个方面:①自然决不产生无用的事物。②当物体形成时,自然决不省略任何产生它们所必需的东西。③除非有了基础或根底,自然不在任何事物上面起作用。④除非有了基础或根底,自然不在任何事物上面起作用。⑤自然发展一切事物都从根底开始。⑥自然对于任何事物的用途愈多，则事物明显的再区分就愈多。⑦自然决不静止，而是继续前进；决不牺牲正在做的工作去开始新的工作，而只是进行业已开始的工作，把它做完。⑧自然把一切事物在连续的组合里面连接起来。⑨自然在质、量两方面对树根和树枝保持一种适当的比例。⑩自然因为常动，所以才变得丰满和强健。

第十九章"教学的简明性与迅速性原则"主要有以下内容：①教育及早进行。②调动儿童学习的积极性和主动性。③语言与学习事物同时进行。④教学应从观察开始，运用直观方法。⑤教育遵循由易到难、由近及远、从一般到特殊的规律，"务使先学的为后学的扫清道路"。⑥加强练习、实践以巩固知识。⑦关注同学之间的伙伴关系。⑧依据学生的智力特点安排课程等。

第二十章"科学教学法"指出了教师应遵循科学教学的原则，包括以下9个方面：①凡是知道的就必须教。②凡是所教的都应该当作能在日常生活中有一定用途的去教。③凡是所教的都应该坦率地教，不可错综复杂地去教。④凡是所教的都必须顾到它的真实性质与起源去教，要通过它的原因去教。⑤假如要学习任何事物，它的一般原则都必须首先得到解释。然后才可考虑它的细节，不到一定时候不能考虑。⑥一件东西的一切部分，甚至最小的部分，都必须顾到它的地位以及和其他部分的关系去学习，不能稍有例外。⑦一切事物都必须按照适当的顺序去教，一次不可教一件以上。⑧对于任何学科，非得彻底懂得之后，不可中途离弃。⑨应该强调事物之间所存在的区别，使我们所得的关于它们的知识来得明白而清晰。

第二十一章"艺术教学法"指出，"艺术根本需要三样东西——一个模型或意念、可以印上新形状的材料、可以帮助作品完成的工具"。光有这些还不够，"我们还需要三件事情，才能学会一种艺术——材料的正确利用、熟练的指导、经常实践"。

第二十二章"语文教学法"指出，①每一种语文都应当分别学习。②每一种语文都必须有一定的时间去学习。③一切语言通过时间去学比通过规则去学来得更容易。④规则可以帮助并强化从实践得来的知识。⑤语言所化成的规则应当是文法的，而不是哲理的。⑥用新学的语言表述规则的时候，心里必须时时记住业已学会的语言，应强调两种语言之间的不同之处。⑦新学一种语言的时候，最初的联系必须从业已熟悉的题材入手。⑧一切语言都可以用这个方法去学。

第二十三章"道德教育的方法"指出，学校是人类的锻炼所，一切德行都应当培植到青年身上。在道德教育方法上，他提出了以下建议：①主要的德行，如持重、节制、坚忍与正直应当首先培植；②持重应当从接受良好的教导，从学习事物间的真正区别和那些事物的相对价值去获得；③节制应当在儿童的饮食、睡眠与起床、工作与游戏等方面去培养；④坚忍应当从自我克制中学习；⑤德行应该在邪恶尚未占住心灵之前，早早就教；⑥德行是由经常作正当的事情学来的。

第二十四章"灌输虔信的方法"指出，"从这种根源去吸取虔信的方法有三重，即沉思，祈祷与考验。路德说'这三者使人成为一个神学家'，但是实际上它们对于形成一个真正的基督徒也是必要的。"

第五部分　论教材与学校纪律

第二十五章"教材问题"认为《圣经》是知识的"唯一真实来源"，学生应以全部时间去寻求它们的真实意义。

第二十六章"学校的纪律"指出，纪律是学校的发动力和推动力，但纪律教育不是强制和鞭挞，应该用良好的榜样、温和的言词，并且不断诚恳地、直率地关心学生，突发的愤怒只能用在例外的情境上面，应当存心使结果能恢复良好的感情。

第六部分 论学制与课程

第二十七章"论学校根据年龄划分与学校的四重区分"指出,人从诞生到24岁是青春岁月是培植才智的时期。学习应从婴儿期开始,一直持续到成年,这24年的时间可分为4个明显阶段:婴儿期、儿童期、少年期和青年期,每期6年,相应地建立符合其年龄特点的学校。在家庭设立母育学校,由母亲对1—6岁的幼儿进行学前教育,主要锻炼各种感觉器官,使之辨别周围的事物,为以后成长打下基础。在每个乡村和城镇设立国语学校,对所有6—12岁的儿童进行初等教育,主要利用阅读、书写、图画、唱歌、计数、量长、测重及记忆各种事物等方法去训练想象力、记忆力,并发展智力。在每个较大的城市设立拉丁学校,学生应当受到训练,利用辩证法、文法、修辞学以及其他根据因果法则的科学与艺术,去领悟感官收集来的知识并加以判断。在每个国家或省设立大学,对18—24岁青年中的"智者"进行高等教育,学习与意志紧密相关的四科,即神学教我们恢复灵魂的和谐,哲学教我们恢复心灵的和谐,医学教我们恢复身体上主要功能的和谐,法学教我们恢复外界事物的和谐。夸美纽斯认为,这4种学校既相联系,又相区别,母育学校和国语学校收容一切男女青年;拉丁语学校对于志向超出工场以上的学生给予更彻底的教育;大学则训练未来的教师和学者,使教会、学校与国家永不缺乏适当的领袖。

第二十八章"母育学校描述"介绍了母育学校20项教育内容和两种主要教育方法。这两种方法一是"应该为父母与做保姆的人写一部手册,把他们的责任用白纸黑字写出,放在跟前",二是写"一本应当直接放到儿童手里的图画书"。

第二十九章"国语学校描述"论述了运用国语应当获得的知识,并指出获得这些知识的方法:"国语学校的一切儿童规定在学校度过六年,应当分成六个班,如有可能,每个班应有一个教室,以免妨碍其他班次。每个班应有特备的书,这些书应当包括该班所学的全部学问方面、道德和宗教教导的教材。"另外,"必须当心使这些书全部适应用书的儿童,因为儿童喜欢新奇与幽默,厌恶迂腐与严肃"。

第三十章"拉丁语学校描述"指出,"学生应当学习四种语文,应当对艺术得到一种百科全书式的知识"。接受全部训练的青年可以学到很多东西,"青年学完以后,即使对于种种学科没有具备完全的知识,至少也应打定一个坚实的基础,为后来再接受高深教育做预备。""六年的课程应有六个分明的班级,它们的名称,从最低一班数起,可以叫作文法班、自然哲学班、数学班、伦理学班、辩证术班、修辞学班。"

第三十一章"论大学"对于大学的计划安排是:"课程应该真正是普遍的,应有学习人类知识的每一部门的准备。所有的方法应当容易而又彻底,使人人都能得到一种健全的教育。只有读完了大学课程、成绩良好并且适于经营事务的学生,才能给予荣誉的地位。"

第七部分 实现教育理想的呼吁

第三十二章"论教导的普遍和完善的秩序",是作者对改良旧学校、改革旧教法,设立新学校、采用新教法的总结。作者认为,新的教学方法有以下优点:①较之过去的方法,较少的教师可以教较多的学生;②这些学生可以得到比较彻底的教导;③教导可以进行得较细致、较愉快;④这种方法对于愚蠢、落后的孩子也有效;⑤即使没有教学天才的教师,也能用它,从中得到好处。

第三十三章"论实行这种普遍方法的前提"论述了实现教育理想应具备的条件。夸美纽斯呼吁教师、学者、神学家和帝王、官吏全力支持和实现他的教育理想。

三、内容精要

《大教学论》一书集中体现了夸美纽斯的主要教育思想和主张，因此，在前面教育思想中已经论述过的学校体系、班级授课制、教学原则等问题，这里就不再赘述。下面着重解读以下几个问题：

（一）把所有的知识教给所有的人

夸美纽斯在《大教学论》的扉页中开宗明义地宣布了他写作此书的宗旨，即要"阐明把一切事物教给一切人类的全部艺术"。这集中体现了夸美纽斯的泛智教育思想。

夸美纽斯以《圣经》为依据，认为人是上帝的造物中"最崇高、最完善、最美好的"造物，是上帝的"形似"和"爱物"；人不仅要认识自己，还要认识上帝，因为上帝是"永生、智慧与幸福的根源"[1]。人生要经历知道自己（并知万物）、管束自己、使自己皈依上帝3个阶段。对应的3个词语："博学"、"德行或恰当的道德"、"宗教或虔信"可以分别表示这3个阶段。夸美纽斯认为，博学包括一切事物、艺术和语文的知识；德行不仅包括外表的礼仪，还是人的内外动作的整个倾向；宗教是内心的一种崇拜，借此人心可皈依上帝。人生在世就是要追求学问、德行和虔信，向着人生的终极目标前进。夸美纽斯还认为，"知识、德行和虔信的种子是天生在我们身上的；但是实际的知识、德行与虔信却没有这样给我们。这是应该从祈祷，从教育，从行动去取得的。只有受过恰当教育之后，人才能成为一个人。"[2]他呼吁："凡是生而为人的人都有受教育的必要，因为他们既然是人，他们就不应当成为无理性的兽类，不应当变成死板的木头……一个人越是多受教导，他便越能按照正确的比例胜过别人。"[3]夸美

---

[1] 夸美纽斯著，傅任敢译.大教学论[M].北京：教育科学出版社，1999.15.

[2] 夸美纽斯著，傅任敢译.大教学论[M].北京：教育科学出版社，1999.39.

[3] 夸美纽斯著，傅任敢译.大教学论[M].北京：教育科学出版社，1999.43.

纽斯明确地提出了人人都有受教育的必要和权利。他说，一切男女儿童和青年，不分贫富贵贱同样都应该进学校。他从以下几个方面论证了自己的观点。

第一，上帝是公平的，对人毫无偏袒，所以如果允许一部分人受教育，排斥、剥夺另一部分人的受教育的权利，就有可能使一些优秀的有才智的人士被糟踏和扼杀，同时也是对上帝的伤害。

第二，天上的太阳把光和热以及生气给予了整个世界，使凡是能够生存、兴旺和繁荣的东西都可以生存、兴旺和繁荣。人类应该模仿太阳，使所有生而为人的人都能通过受教育而在这个世界上发挥自己的作用。

第三，任何人均可接受教育。

第四，女性"也是按照上帝的形象造成的，在上帝的仁慈与未来的世界里面，她们也是有份的。她们具有同等敏锐的悟性和求知的能力"。[1]

第五，只要用合适的方法去普及教育，所有的人都有了学问，即使他们是工匠、农夫、脚夫、妇女，"他们便谁也不会缺乏思考、选择、遵行和做出好事的材料了"[2]。

夸美纽斯要求人人都受到周全的教育，并不是要求人人都懂得一切科学和艺术，因为这是不可能的。他"希望人人都去学习的是存在中的一切最重要的事物的原则、原因与用途"，他要求人们"集中精力，一生一世，在学校里面，并且借助学校做到：①通过科学与艺术的研究来培植我们的才能；②学会语文；③形成诚笃的德行；④虔诚地崇拜上帝"[3]。借此，让学生获得学问、德行、虔信，受到周全的教育。

（二）教育适应自然

教育要适应自然是夸美纽斯泛智教育思想的一个重要内容，贯穿于夸美纽

[1] 夸美纽斯著，傅任敢译.大教学论[M].北京：教育科学出版社，1999.53.
[2] 夸美纽斯著，傅任敢译.大教学论[M].北京：教育科学出版社，1999.54.
[3] 夸美纽斯著，傅任敢译.大教学论[M].北京：教育科学出版社，1999.55.

斯阐述的整个教育过程之中。他要求建立一种能"把容易、彻底和迅捷合在一起的教法"[1],使教学进行得愉快而又有效。

夸美纽斯认为,教育应以自然界及其普遍法则为依据,找出教育的普遍规律。《大教学论》第十四章讲道:"教学的恰切秩序应该从自然去借来,不能受到任何的障碍"。其基本含义是:自然界存在着一种起支配作用的普遍法则,即"秩序"或"事物的灵魂"。这些秩序或规律,无论在动物、植物以及人的活动中都发挥着作用。人是自然界的一部分,因而人的发展以及对人进行教育的活动,也必须服从于自然的最主要和最普遍的法则。他举例说,树木在春天发芽长叶,鸟儿在春天孵化小鸟,园丁和建筑师选择适宜的季节进行种植和建造房屋,说明适应自然的教育亦应从人类的春天——儿童时期开始,在一天之中,又是早晨最适于学习。夸美纽斯确信,人生具有渴求知识的美德和不可遏止的一些意向。他认为教育应当研究人生的这些意向,积极地予以培养。

夸美纽斯认为自然适应性原则体现在教育上,就是要依据人的自然本性,即儿童的天性和年龄特征,按学生的能力进行教学。他说:"教师是自然的仆人,不是自然的主人;他的使命是培植,不是改变,所以,假如他发现了某门学科与某个学生的天性不合,他决不应该强迫他去学习。"[2]夸美纽斯还强调人的个别差异。他说:"有些人是伶俐的,有些人是迟钝的;有些人是温柔和顺从的,有些人是强硬不屈的;有些人渴于求取知识,有些人较爱获得机械技巧。"[3]"知识如果不合于这个或那个学生的心灵,它就是不合适的……这个必须这样去对付,那个又必须那样去对付,同样的方法是不能够用在所有人的身上的。"[4]对于不同类别的人,应采取不同的教育方法。

---

[1] 夸美纽斯著,傅任敢译.大教学论[M].北京:教育科学出版社,1999.150.

[2] 夸美纽斯著,傅任敢译.大教学论[M].北京:教育科学出版社,1999.153.

[3] 夸美纽斯著,傅任敢译.大教学论[M].北京:教育科学出版社,1999.70.

[4] 夸美纽斯著,傅任敢译.大教学论[M].北京:教育科学出版社,1999.153.

夸美纽斯依据其自然适应性原则，类比和论证了教育上的其他原则。他的论证顺序是：①自然法则；②自然界中遵循自然法则的实例；③现实教育中违背自然的错误做法；④如何依照自然法则来改进教育工作。这种假物阐意、随物引申的类比的论证方法可以使人触类旁通，获取新的认识。但运用不好，则有牵强附会之弊。

（三）教科书

夸美纽斯力求通过教材改革推动教学改革，十分重视教科书的作用，强调它是教与学的工具，开创了"圆周式"排列教材的方法，认为一切应学的科目都应加以排列，使其适合学生的年龄，凡是超过了他们理解能力的东西就不要给他们去学习。把教科书分成教师用书和学生用书，建议为各个学校的各个科目编写统一的教科书和教学指导书。

由于他的教育和教学思想与"泛智论"有着密切的联系，因此，他所设计的教科书是一套实施"泛智教育"的百科全书式的读本。泛智教育思想的基本涵义体现为以下两个方面：①所有的人在一定的年龄阶段都应接受教育。②教育内容是全面的，包括历史的、现实的、自然的、宗教的、社会的、世俗的，所有的科目都应教给儿童。

除了教材应该是百科全书式的，还应当具备以下特点：知识内容全面正确；编排要合理系统，循序渐进，叙述要明晰；符合儿童年龄特征，难度适宜；注重实用；使用国语编写教材，语言要简明扼要；形式要美观，印刷要精良，要调动学生学习的积极性；幼儿教科书应配有插图，图文并茂，便于儿童理解和记忆等。为此，他亲自编写了《语言和科学入门》和《世界图解》等教科书。这些经典著作后来成为欧洲和亚洲非常具有影响力的教科书，被长期广泛应用。

夸美纽斯强调，泛智教育并不是要求人们通晓一切科学和艺术。人生是短暂的，而知识又是无限的，因此，应当学习那些对人们的现实生活有所帮助的知识，为生活而学习。

四、名段选读[1]

(一)人的终极目标在今生之外

我们的本性也表示今生对于我们是不够的。在今生中,我们的生活有三方面,即是植物的、动物的和智性的或精神的。这其中,头一种的作用限于身体方面,第二种可以利用感官与运动,伸展到外物上去,而第三种则能单独存在,这是天使的例子所明示的。我们这一最后阶段的生活显然大大地受了头两种生活的遮蔽与阻碍,所以后来自然需要有个让它变完善的时候。

所以,我们每个人的生活和住所都有三重。即母亲的子宫、世上和天堂。从第一重到第二重,他所经由的是诞生,从第二重到第三重,他所经由的是死亡与复活。到第三重,他便不再动了,永远歇在那儿。

在第一阶段,生命是简单的,动作与感觉都刚开始。在第二阶段,我们有生活,有动作,有感觉,有智性的因素。在第三阶段,我们发现一切都已登峰造极。

第一重生活是第二重的预备,第二重是第三重的预备,而第三重则为自己而存在,此外别无目的。从第一重到第二重和从第二重到第三重的过渡都是狭迫的,都有痛苦;两次都有覆盖或外物需要去掉(在第一次是胎衣,在第二次是身体本身),正与雏鸟孵出以后,卵壳被丢掉是一样的道理。所以,第一次和第二次的住所正与工场相似,在第一次的住所里面,它所形成的是生后要用的身体;在第二次的住所里面,它所形成的是永生所需的理性的灵魂。而在第三次的住所里面。则两者的完善与成就都能实现。

---

[1] 夸美纽斯著,傅任敢译.大教学论[M].北京:教育科学出版社,1999.

（二）永生的预备有三个阶段：知道自己（并知万物），管束自己，使自己皈依上帝

由此可见，人生成要：（1）熟悉万物；（2）具有管束万物与自己的能力；（3）使自己与万物均归于万有之源的上帝。

假如我们愿意用三个著名的词去表示这三桩事情，这三个词就是：

1. 博学。

2. 德行或恰当的道德。

3. 宗教或虔信。

博学包括一切事物、艺术和语文的知识；而德行不仅包括外表的礼仪，它还是我们的内外动作的整个倾向；至于宗教，我们把它理解为一种内心的崇拜，使人心借此可以皈依最高的上帝。

我们在这个世界上面追求学问、德行与虔信，我们就是相应地在向我们的终极目标前进。这三者无疑地是我们的生活的要点；其余的全是些岔道、障碍或装饰。

（三）这三者（学问、德行与虔信）的种子自然存在我们身上

可以用来比方人心的事物也告诉我们同样的道理。因为土（《圣经》常把人心比作土）接受各种各样的种子，只要园丁不缺乏信心和勤劳，同一座园地能够种菜蔬，能够种花木，也能种各色香草。种类愈多，眼睛看去便愈悦目，鼻子嗅去便愈芳香，心里便愈觉得爽快。亚里士多德把人心比作一张白板，板上什么都没有写，但是什么都能写上。一个书法家或画家倘若不是不懂得他自己的艺术，他便能在一块白纸上随心所欲地写出，或者画出他所要写或要画的，一个不是不懂得教学艺术的人容易把一切事物刻画在人心上。倘若结果不成功，错处绝对不在纸身上（除非它生来有缺点），而是因为书法家或画家无知之故。不过此中也有区别，就是，在纸上，书写要受空间的限制，而人心则不然，你可以不断书写，不断雕镂，不会有止境，因为我们已经说过，人心是没有限度的。

把我们的思想工场，脑子，比作能够接受印痕或制作小小形象的蜡，也是合适的。因为蜡能变成各种形状，能照任何方式再三加以铸范，人脑也是一样，它能接受万物的影像，能够接纳整个宇宙中的任何事物。这个比方对于思想与知识的真正性质作出了一个非凡的解释。

事实上，人不过是身心两方面的一种和谐而已。因为世界本身就像一座大钟，这座钟有许多转轮与铃子，并且组合得很巧妙，全钟的各部分互相依靠，使转动持续与和谐；人也是这样的。身体就是用绝大的技巧制造出来的。头一样是心，它是一切生命与动作的根源，别的器官都从它去得到运动和运动的能量。脑就是钟锤，是运动的有效原因，它把神经当作绳索一样，凭借它们的帮助，它就可以推拉其他转轮或肢体，至于体内与体外的各种作用则依动作的相应比例为转移。

人的本身不是别的，只是一种和谐而已，它像一个精巧的工匠所制的一座钟或乐器一样，倘若破了，坏了，我们并不立刻宣布它已没有用处（因为它还可以匡正过来）；所以，对于一个人，我们可以说，不管他因犯了罪恶以致损坏得多么厉害，靠着上帝的仁慈，利用某些方法，他是仍旧可以恢复和谐的。

（四）假如要形成一个人，就必须由教育去形成

我们已经知道，知识、德行与虔信的种子是天生在我们身上的；但是实际的知识、德行与虔信却没有这样给我们。这是应该从祈祷、从教育、从行动去取得的。有人说，人是一个"可教的动物"，这是一个不坏的定义。实际上，只有受过恰当教育之后，人才能成为一个人。

因为，假如我们考虑一下知识，我们就可以知道，只有上帝才有一种特性，能借一份简单的直觉去认知万物，没有原始，没有进程，没有终结。这在人与天使是不可能的，因为他们没有无穷与永生，就是说，没有神性。他们只需赋有充分的知力，能够领悟上帝的作品，并从中收聚丰富的知识就够了。至于天使，他们当然也通过知觉去学习，他们的知识也与我们的知识一样，是从经验得来的。

所以，谁也不可相信一个没有学会按照一个人的样子去行动，即没有在组成一个人的因素上受到训练的人，真正能成为一个人。这从一切造物的例证中可以看得明白，因为它们虽然注定了要为人所用，但是不经人手的安排是不合于人的使用的。比如，石头是给我们当作建造房屋、塔宇、墙壁和栋梁等材料用的；但是它们在没有被凿好，没有被我们放在它们所应放的位置以前，它们是没有用处的。注定给人做装饰品的珍珠与宝石，必须加以雕凿与琢磨。五金是在日常生活中最有用处的，它们得有人去采掘、提炼、溶化，并以各种方式去铸造，去锤打。在此以前，它们的用处还不如普通的泥土。

我们从植物身上取得食品、饮料与药物；但是我们先得把蔬菜与谷类种好，锄好，收好，筛好，磨好；我们先得把树木栽好，修剪好，加好肥料，并把果实采下和晒干；假如其中有要用作药品或供建筑之用的，准备工作便要更多。动物的基本特性是生命与动作，它们看上去好像是自给自足的了，但是假如你要按照合于它们的用途去用它们，那就还要加以训练。比如，马是天生适合于作战用的，牛是适合于拖物用的，驴是适合于负重用的，犬是适合于守护与狩猎用的，鹰是适合于捕鸟用的；但是在我们训练它们，使它们习惯于它们的工作以前，它们都没有多少用处。

人的身体的生成是要劳动的；但是我们知道，人生来只有学习劳动的能量。他要受到教导，才会坐，才会站，才会走，才会用他的手。然而我们哪能做到我们的心理一来便已完全发展，事先一点儿准备都不需要呢？因为一切造物在它们的质料方面，在它们的发展进程方面，全是从无到有的和逐渐自行发展的。我们在前面已经说过，并且大家都知道，天使的完善程度和上帝相差不远，但是他们也并不是无所不知的，他们对于上帝的稀有智慧的知识也是逐渐获得的。

大家也明白，甚至在亚当作恶以前，天国便已为人开了一个学校，使他逐渐得到进步。因为最初造出的人虽在造出以后便不缺乏直立走路的能力，不缺乏言语，不缺乏理性，但是从夏娃与蛇的谈话可以明白，从经验中得来的关于事物的知识却是完全缺乏的。因为夏娃如果经验多一点儿，她就会知道蛇是不能说话的，她便会知道其中必有诡计。

……

教育确乎人人需要，我们想想各种不同程度的能力，就可以明白这一点。愚蠢的人需要受教导，好使他们摆脱本性中的愚蠢，这是无人怀疑的。其实聪明人更需要受教育，因为一个活泼的心理如果不去从事有用的事情，他便会去从事无用的、稀奇的、有害的事情；正如田地愈肥沃，莨莠便愈茂盛一样，对一个绝顶聪明的人如果不去给他撒下智慧与德行的种子，他便会充满幻异的观念；又如推磨的时候如果不撒下面粉的原料——麦子，磨石便会磨出声音、磨损，以致常常磨坏一样，一个有着活泼心理的人如果没有正经的事情可做，他便会被无益的、稀奇的和有害的思想所困扰，会自己毁掉自己。

富人没有智慧岂不等于吃饱了糠麸的猪仔？穷人不懂事理岂不等于负重的驴子？美貌无知的人岂不只是一只具有羽毛之美的鹦鹉，或是一副藏着钝刀的金鞘？

（五）人最容易在少年时期去形成，除了这种年龄就不能形成得合适

从以上所说过的就可以明白，人类与树木的境遇原是相似的。因为，一株果树（一株苹果树、一株梨树、一株无花果树或者一株葡萄藤）能从自己的树干上自行生长，而一株野树则在经过一个熟练园丁的种植、灌溉与修剪以前，是不会结出甜美的果实来的；同样，一个人可以自行长成一个人形（正如任何野兽类似它的同类一样），但是如果不先把德行与虔信灌输到他的身上，他就不能长成一个理性的、聪明的、有德行和虔信的动物。我们现在就要表明：这种步骤应该在植物幼小的时候去实行。

……

一切事物的本性都是娇弱的时候容易屈服，容易形成，但长硬以后，就不容易改变了。蜡在柔软的时候容易定形、定样，硬了的时候就容易破碎。一颗幼小的植物可以种植、移植、修剪，可以任意转向。当它长成一棵树以后，就不能这样办了。新生的蛋，放在母鸡身下，很快就变暖，孵出了小鸡；但鸡蛋放久了，到破裂的时候就不会这样了。假如一个骑士想要训练一匹马，一个农夫想要训练一头牛，一个猎人想要训练一只狗或一只鹰，一个驯熊的人想要训练一只熊去跳舞，或者一个老妇人想要训练一只喜鹊或是一只鸦，要它去模仿人类的声音，他们必须在它们很小的时候选来作这种种用途，否则他们便会劳而无功。

　　显然,这层道理对于人类本身也是适用的。我们把人类的脑比作蜡,因为它接受外物呈现在它的感官面前的影像,在儿童时代是很湿润柔顺的,适于接受一切外来的影像。往后一点儿,我们从经验发现,它渐渐变硬,变干了,事物就不那么容易印在或刻在它的上面了。所以西塞罗说:"孩子们可以快速地收容无穷的事物。"同样,只有在儿童时代,筋肉还能接受训练的时候,手和别的部分才能施以训练,做出熟练的动作。假如一个人要想成为一个优秀的书法家、画家、裁缝、冶匠、细木匠或音乐家,他就必须从小从事那种技巧,因为那时他的想象是活泼的,指头是柔顺的;否则他便绝对没有什么好结果。假如要使虔信在任何人的心里生根,那就应在他年纪还轻的时候把它灌输进去;假如我们希望任何人有德行,我们就应在他的少年时期训练他;假如我们希望他在追求智慧方面得到巨大的进展,我们应从婴儿时期就把他的能力领向这个方向,因为那时欲望正在沸腾,思想正很迅捷,记忆正很牢固。"一个尚待学习的老年人是可羞而又可笑的;训练与准备是青年人的事,行动是老年人的事。"

　　为使人类能够形成人性起见,上帝给了他青春的岁月,青春的岁月只适合于教育之用,别的都不合适。马、牛、象和其他野兽,只是一些具有生气的块头,只要几年工夫就可以成熟,唯独人类要二三十年才勉强够用。假如有人认为这是由于机遇或偶然的原因等造成的,他就的确显出了他的愚蠢。对于其他一切事物,上帝都派定了它们的年限,难道对于万物之主的人类,上帝会让他们有机会去决定吗?自然物可以在几个月之内产生更巨大的体积,一点儿不会有困难,但人类与自然物不同,成人的过程是漫长的。所以我们只当是造物主故意延长人类青春的岁月,好让我们受到训练的时间长一些;上帝规定我们不要过早参加人生的活动,好让我们在余下的人生中,找到更适合的机会去参加。

在人身上，唯一能够持久的东西是从少年时期吸收得来的，这从同一例证可以看得明白。一只瓶子即使打破了也会保存新用的时候所染得的气味；一棵树在幼小的时候，它的枝柯向四面八方伸展，它们保持这种位置几百年不变直到死去为止；羊毛第一次所染的颜色非常牢固，简直漂白不了；车轮上面的木箍，一旦弄弯以后，即使变成千百块碎片，也不会再变直了。同样，在一个人身上，头一次的印象是黏附得非常坚实的，只有奇迹才能消灭它们。所以，最谨慎的办法是，在人们很小的时候，就按照合乎智慧的标准去把他们培养好。

（六）青年人应该受到共同的教育，所以学校是必需的

我们说过，那些天国的植物，即基督教的儿童不能像丛林一样生长，而是需要照料的，我们现在应该看看这种照料的责任应当落在谁的身上。本来，使自己负责的生命成为理性的、有德行的和虔信的人，这是父母的最自然的责任。上帝自己就可以作证，证明这是亚伯拉罕的习俗。他说："我看顾他，为要叫他吩咐他的众子和他的眷属，遵守我的道，秉公行义。"他向一般做父母的人要求这一点，这样吩咐道："我今日所吩咐你的话，都要记在心上，也要殷勤教训你的儿女；无论你坐在家里，行在路上，躺下，起来，都要谈论。"他又借使徒的口说："你们做父亲的，不要惹儿女的气，只要照着主的教训和警戒，养育他们。"

但是，由于人类职务和人类数目的增加，很少有人具有充分的知识或充分的闲暇去教导自己的子女。因此就兴起了一种贤明的制度，为儿童的共同教育选出一些有丰富知识和崇高道德的人。这种教导青年的人叫作导师、教师、教员或教授，作为这种共同教导之用的场所就叫作学校、小学、讲堂、学院、公立学校和大学。

（七）一切男女青年都应该进学校

根据下列理由，不仅有钱有势的人的子女应该进学校，而且一切城镇乡村的男女儿童，不分富贵贫贱，同样都应该进学校。

一切生而为人的人，生来都有一个同样的目的，就是他们要成为人，即要成为理性的动物，要成为万物的主宰及其造物主的形象。所以，他们都应该达到这样一个境地，即在适当地吸取了学问、德行与虔信之后，能够有益地利用此生，并且好好地预备来生。上帝自己常说，他对人毫无偏袒，所以如果我们允许一部分人的智性受到培植，而去排斥另外的一部分人，我们就不仅伤害了那些与我们自己具有同一天性的人，而且也伤害了上帝本身，因为上帝愿意被印有他自己形象的一切人所认知，所喜爱，所赞美。在这方面，人们的热情是会与那燃着了的知识火焰一同增长的。因为我们的爱和我们的知识是成正比的。

我们并不知道神意注定这个人或那个人有什么用，但是有一点是肯定的，就是，他从最贫苦、最卑下和最微贱的人群中产生了维护他的光荣的工具。所以，我们应该模仿天上的太阳，它把光、热与生气给予整个世界，使凡是能够生存、能够兴旺和能够繁荣的东西都可以生存、兴旺和繁荣。

（八）学校教育应该是普遍的

我们已经说过，人人应该受到一种周全的教育，并且应该在学校里面受到。但是大家不可认为我们要求人人懂得（确切地或深刻地懂得）一切艺术与科学。这种知识的本身是没有用处的，并且人生短促，也没有人能够做到这一点。因为我们知道，每种科学都是极广泛、极复杂的（如同物理学、算术、几何学、天文学，甚至农业与种树术都是如此），即使智力很高的人，要想用考察与实验的方法去彻底精通它，也得占去他们一生一世的时光。

我们应该集中我们的精力，一生一世，在学校里面，并且借助学校做到：（1）通过科学与艺术的研究来培植我们的才能；（2）学会语文；（3）形成诚笃的德行；（4）虔诚地崇拜上帝。

学问、德行、虔信，这三个元素就是涌出一切最完美的快乐之流的三个泉源。

这三个因素假如不联结在一起，如同由一副坚固的链条连着似的，那就是一种不幸的拆散。不能导向德行与虔信的教导，是一种何等恶劣的教导啊！因为没有德行，文学技巧算得什么呢？凡是在知识上有进展而在道德上没有进展的人（一句古话说），就不是进步而是退步。所以所罗门所说的关于美丽但是愚蠢的妇女的话，对于有学问而没有德行的人也是适用的，他说："妇女美貌而无见识，如同金环带在猪鼻上。"（《箴言》第十一章，22）因为，宝石不镶在铅上而只镶在金子上面。这种配合使两者都更美丽，所以知识不该和不道德结合，而应和德行结合，这样，两者便可彼此增加光彩。

一个人的整个生活全视儿童时期所受的教导为转移，所以，除非人人的心都在小时候有所准备，能去应付人生中的一切意外，否则任何机会都会被错过。每个人在母亲的子宫里形成了全部肢体——手、足、舌头等等——虽则并不是人人都要做手艺匠、径赛家或演说家；同样，在学校里面，人人都应学到关于人的一切事项，虽则在日后的生活里，某些事项对于某一个人较有用处，其他事项对于另一个人较有用处。

（九）在此以前没有一所完善的学校

教导青年的方法通常都是非常严酷的，以致学校变成了儿童恐怖的场所，变成了他们的才智的屠宰场，大部分学生对学习与书本都感到厌恶，都急于离开学校，跑到手艺工人的工场，或找别种职业去了。

我，我是一个不幸的人，我便是数以千计的人们中的一个，悲惨地丧失了一生一世的最甜美的青春，把生气勃勃的青春浪费在学校的无益的事情上面。

（十）改良学校是可能的

我们应许这样一种教育体系，使：

1. 一切青年都能受到教育（除了上帝没有给予悟性的是例外）。

2. 他们都能学到一切可以使人变成有智慧、有德行、能虔信的科目。

3. 教育是生活的预备，能在成年以前完成。

4. 实施这种教育的时候不用鞭笞，无须严酷或强迫，它可以实施得尽量温和轻快，尽量自然。

5. 这种教育不是虚伪的，而是真实的，不是表面的，而是彻底的；这就是说，人类这个理性动物将不由别人的才智去领导，而由他自己的才智去领导；他不仅阅读别人的见解，掌握它们的意义，或把它们记下来、背下来，他要亲自钻研事物的根源，获得一种真能理解且真能利用所学的东西的习惯。

6. 这种教育将不是吃力的，而是非常轻松的。课堂教学每天只有四小时，一个先生可以同时教几百个学生，而所受的辛苦则比现在教一个学生少十倍。

知识、德行和虔信的种子存在一切人类的身上（畸形的人例外），由此当然可见，他们所需要的只是一种和缓的推动和谨慎的指导而已。

难道世上会有一种极黑的东西，如果合适地放在光亮里都不能在镜子上面反映出来吗？一个人如果学会了画图的艺术，难道会有什么不能够在画布上面画出来的东西吗？如果园丁知道在什么时候撒种子，知道撒到什么地方，知道怎样一个撒法，难道世上真有什么种子或根芽是土地所不能够接收，所不能够用它的温暖去使它发芽的吗？并且，世上也没有一座岩石或高塔，高到了在合适的位置放了梯子，或在石上合适的地方凿好了台阶和装上防止跌落的栏杆之后还没有人爬得上去的（只要他有脚）。

我们差不多找不出一块模糊的镜子模糊到了完全反映不出任何形象的地步，我们也差不多找不出一块粗糙的板子粗糙到了完全不能刻上什么东西的地步。

父母的溺爱往往妨碍了孩子们的自然倾向，他们后来又被好玩的同伴引上懒惰的途径，而城市与宫廷生活中的一切以及外界环境又使他们远离本来的倾向。因此他们不想探索不知的事，不易集中他们的思想（因为正同舌头一样，它被某种滋味渗透了，便难分辨别种滋味，心智也是一样，它被某件事情占据了的时候，便难再去注意别的事情）。在这种种情形之下，外来的分心的事必须首先除掉；那时天性就可以施展原有的力量，求知欲就可以再度显示出来。

有些人是伶俐的，有些人是迟钝的；有些人是温柔和顺从的，有些人是强硬不屈的；有些人渴于求取知识，有些人较爱获得机械技巧。从这三对相反的性格，我们一共得到六种不同的区分。

那些伶俐的、渴于求知的、容易受影响的人应当归入第一类。这种人较之其余一切的人都更适于受教育。我们用不着替他们预备一种我们所谓知识养料的食物，因为，他们像良好的树木一样，是会在智慧中自行成长起来的。什么都不要，只要远见；因为不可让他们走得太快，以致不到时候就把自己弄疲倦了，弄凋谢了。

此外还有一些伶俐但倾向迟钝懒惰的人。这种人是应该加以督促，使其前进的。

第三，我们有一些伶俐而且渴于求知，但同时又很倔强不易驾驭的人。这种人常常是使学校受到困难的大根源，他们大部分被绝望地放弃了。但是，如果正确地对待他们，他们常常可以成为最伟大的人。

第四，我们有温柔、渴于求知，但又迂缓迟钝的人。这种人是能够跟随上述那种人前进的。但是为使这点变为可能起见，教员应当估计到他们的短处，不应该使他们负担过重，不向他们提出任何过分的要求，应当有耐心，应当帮助他们，应当给他们以力量，应当使他们走上正轨，以免灰心丧气。这种学生虽然成熟较迟，但是他们也许更能持久，如同成熟较晚的果实一样。在铅上面盖印记虽则很困难，但是盖上了就可以支持很久，同样，这种人的性格较之天分较高的人要来得稳定一些，对于学过的东西不容易忘记。所以，在学校里面，他们是应当得到一切机会的。

第五种是心智低弱，同时又很怠惰的人。只要不顽梗，也是可以得到很大的进展的。不过需要巨大的技巧和耐心而已。

最后，我们有一些智性低，同时性情又很倔强恶劣的人。这种人很少能有什么用处。但是"自然"对于有毒的事物，总是预备了解毒剂的，不结果实的树木适当移植以后也能结出果实，所以我们不应该完全灰心，至少应该看看他们的倔强的性格是不是能够加以克服，把它清除掉。只有到了证明不可能的时候，歪扭多节的木头方才可以丢弃，因为要把它雕成一个麦叩利神是不可能的。

下列四个理由表明，一切青年虽然心性这么各不相同，但是可以采用同样的方法去教育。

第一：因为一切人类的目标都是一样的：就是知识、德行和虔信。

第二：因为一切人类的心性虽则各不相同，但是他们具有同样的人性，具有同样的感觉与理性的器官。

第三：因为性格的差别只是由于自然的和谐里面多出了或缺少了某些因素所致，正像身体上的疾病只是由于湿燥、寒热的状况反乎寻常是一样的道理。

最后，如果不是积习已深，心性上的每种过与不及之点都是可以互相抵消的。……在知识的阵营里面也是一样的；迟缓的和迅捷的，愚鲁的和机敏的，顽强的和柔顺的，都混在一起，他们需要指导时，都受同样的训条与榜样的指导。但是一旦在校的日子过去以后，他们就应各按自己的速度去完成下余的学习。

（十一）改良学校的基础应当是万物的严谨秩序

真正维系我们这个世界的结构以至它的细微末节的原则不是别的，只是秩序而已；就是，按照地点、时间、数目、大小和重量把先来的和后来的，高级的和低级的，大的和小的，相同的和相异的种种事物加以合适的区分，使每件事物都能好好地实践它的功用。所以，秩序就叫作事物的灵魂。

教学艺术所需要的也不是别的，只不过是要把时间、科目和方法巧妙地加以安排而已。

（十二）教导的严谨秩序应当以自然为借鉴，并且必须是不受任何阻碍的

秩序是把一切事物教给一切人们的教学艺术的主导原则，这是应当、并且只能以自然的作用为借鉴的。一旦这个原则彻底地被掌握以后，艺术的进行立刻便会同自然的运行一样容易，一样自然。

我们将把自然当作我们的向导，去找出下列各种原则：

1. 延长生命的原则。

2. 精简科目，使知识能够更快地获得的原则。

3. 抓住机会，使知识一定能被获得的原则。

4. 开发心智，使知识容易获得的原则。

5. 使判断力变锐利，使知识能够彻底地被获得的原则。

（十三）延长生命的基础

为了能够保持良好的健康，养料不仅分量要有节制，而且质料也要清淡。树木幼小娇弱的时候，园丁是不会用酒或牛乳去灌溉的，他只用合于树木的液体去灌溉，这就是水。所以，做父母的人要当心，不要用山珍海味去毁了自己的孩子，尤其是正在学习或应学习的孩子。

凡是遵守这三个原则的人（即饮食有节制，身体有运动，并且利用自然所供给的休息机会），他是不会不尽可能长久地保持生命与健康的。至于那些由于高于我们的摆布所摆布的意外事件，我们自然没法去考虑。

所以，我们知道，良好的学校组织主要在于工作与休息分配得当，有赖于读书、松缓、紧张的间隙与娱乐的分配。

假如一个人每小时能够学会某项知识的一个片断，学会某种技艺的一条规则，学会一个单纯的悦意的故事或谚语（这是不必费力就可以学会的），然则他所存留的学问将会是何等的丰富呢？

（十四）教与学的一般要求；即一定能产生结果的教与学的方法

由于只有尽量使艺术的步骤符合自然的步骤才能正确地奠定这种基础，我们打算遵循自然的方法，拿一个孵化幼鸟的鸟儿来做我们的榜样；假如我们看见园丁、画家和建筑家步随自然的后尘得到了好结果，我们就该明白，教育青年的教育家是应该采取同一行径的。

人类的教育应从人生的青春开始，就是说，要从儿童时期开始（因为儿童时期等于春天，青年时期等于夏天，成年时期等于秋天，老年时期等于冬天）。

早晨最宜于读书（因为在这里，早晨等于春天，正午等于夏天，黄昏等于秋天，夜间等于冬天）。

一切学科都应加以排列，使其适合学生的年龄，凡是超出了他们的理解的东西就不要给他们去学习。

书籍与教学所需的材料必须事先准备好。

悟性应该先在事物方面得到教导,然后再教它用语文去把它们表达出来。

一切语文都不要从文法去学习,要从合适的作家去学习。

关于事物的知识应该放在关于它们的组合的知识之前。

例证应比规则先出现。

凡是进了学校的人都要坚持学习。

在开始任何专门学习以前,学生的心灵要有准备,使能接受那种学习。

应为学校清除一切障碍。

我们要学这些人,不要使学文法的学生再学辩证法,也不要在他们的功课里面加上修辞学,去把他们弄迷糊。我们也要等拉丁文学好了再教希腊文,因为心灵同时从事几件事情的时候,它是不能把精力集中在一件事情上面的。

学生首先应当学会理解事物,然后再去记忆它们,在这两点经过训练之前,不可强调言语与笔墨的运用。

教师应该知道一切可以使悟性变锐敏的方法,应当熟练地应用那些方法。

医治这种没有系统的毛病的方法是:孩子们刚刚开始学习的时候,他们应当学到一般文化的基本原则,就是说,所学的科目要这样排列,使后学的功课不要带来新的材料,而只扩充孩子们业已学会的初步知识。正如一株树木一样,即使活了一百年,它也并不发出新的枝丫,只是听任原有的枝丫去发展,去扩大而已。

(1)每种语文、科学或艺术必须先教它的最简单的原理,使学生对它能得到一种概念。(2)第二步就可以把规则和例子放在他的跟前,进一步去发展他的知识。(3)然后他就可以系统地学习那门学科,并且学习它的例外的与不规则的地方。(4)最后,就可以给他一种评注,虽则只有在绝对必要的情况之下才能给他。因为凡是开始就彻底学会了一门学科的人是很少用得着评注的,他是不久就可以自己去写评注了的。

各个班级的一切功课都应该仔细分成阶段,务使先学的能为后学的开辟道路,指出途径。

时间应该仔细划分,务使每年、每月、每日、每时,都有一定的工作。

时间与学科的划分应该严格遵守,务使无所省略或颠倒。

凡是进了学校的人,就应该继续留在学校,直到变成一个具有充分的学识、德行与虔信的人为止。

学校必须设在一个安静的地点,要远离尘嚣和分心的事物。

凡是学习计划规定该学的就必须学,一点不要规避。

任何学童都不得凭借任何口实离开学校或逃学。

学生除了适合他们班级的书本以外,不可得到别的书本。

这种书本要是可以正当地称为智慧、德行与虔信的源泉的。

在学校里面和在学校附近,学生都不许和不良的伴侣混在一起。

假如这种种建议全都能被遵守,学校是很少不能达到它们的目的的。

(十五)教与学的便易性原则

关于教育者怎样才能确有把握地达到他的目标的方法,我们已经考虑过了,我们现在要看看这些方法怎样才能适合学生的心灵,使它们用起来容易而且快意。

步随自然的后尘，我们发现教育的过程会来得更容易：

1.假如它开始得早，在心灵没有腐化以前就开始；

2.假如心灵有了接受它的适当准备；

3.假如它是从一般到特殊的；

4.假如它是从较易到较难的；

5.假如学生不受过多学科的压迫；

6.假如在每种情形之下，进展都是缓慢的；

7.假如按照学生的年龄，采用正当的方法，智性不被强迫去做天性所不倾向的事情；

8.假如每件事情都通过感官去教授；

9.假如每件所教的事情的用途不断在更新；

10.假如每件事情都用一种，并且是同一种方法去教……

我说，要使教育来得容易而且快意，这种种就是应当采用的原则。

（十六）教与学的彻底性原则

人们往往埋怨很少有人离校时受到了彻底的教育，埋怨大多数人所记住的只是一种外表，只是真知识的一种影子而已。这种埋怨是有事实为证的。

考查结果表明，产生这种现象的原因，似乎是双重的：一是学校专教无意义的、不重要的功课，忽略了较重要的功课；二是学生忘却了他们所学的东西，因为这些东西大部分只通过了他们的脑子，却没有牢固地固定在那里。后面这一种错误是非常普遍的，很少有人对它不悲叹。假如我们能够记住曾读到、听到和我们的心灵所曾欣赏过的一切事物，随时可以应用，那我们便会多么有学问啊!我们确实应用过许多我们所学过的事物，但是我们记住的数量是不够的，事实上我们还继续在把流水泼到一个筛子上去。

难道这是没有法子可以补救的吗? 当然有的，只要我们再度回到自然的学校里，去考察它所用来使它所创造的事物能够耐久的方法就行。

我认为可以找出一种方法，使每个人的心里不仅能够明白他所学过的东西，而且再学习更多东西都可以; 因为他容易回忆一切从教师或从书本所学过的知识，同时，他又能对于他的知识所涉及的客观事实做出健全的判断。

这是可能的:

1.假如我们只教真正有用的学科;

2.假如这些学科教得不离题也不中断;

3.假如在教细节之前，先去彻底打好底子;

4.假如这种底子是小心地打好的;

5.假如后教的一切全都根据这种底子，不根据别的;

6.假如在每种分成几个部分的学科里面，各部分能尽可能联系起来;

7.假如一切后教的都以先教的为依据;

8.假如极力注意相似学科之间的相似之点;

9.假如一切学科的排列全都顾及学生的智力和记忆以及语言的性质;

10.假如经常通过实践去把知识固定在记忆里面。

(十七)教学的简明性与迅速性原则

模仿这一点：

1.每个学校只应该有一个教师，至少每班只能有一个教师；

2.每门学科只应该用一种书；

3.全班都应该得到同样的练习；

4.一切学科与语言都应该采用同样的方法去教授；

5.每件事都应该彻底地、扼要地、简练地教，使悟性经过一把钥匙开启以后，就能自行解释新的困难；

6.一切天生相连的事物都应该联合去教授；

7.每门学科都应该分成明确的步骤去教授，使一天的功课可以扩充前一天的，引起后一天的；

8.最后，一切无用的事物，一定要抛弃。

（十八）科学教学法

我们由此可以为教师们找出一条金科玉律。在可能的范围以内，一切事物都应该尽量地放到感官跟前。一切看得见的东西都应该放到视官的跟前，一切听得见的东西都应该放到听官的跟前。气味应当放到嗅官的跟前，尝得出和触得着的东西应当分别放到味官和触官的跟前。假如有一件东西能够同时在几个感官上面留下印象，它便应当和几种感官去接触……

凡是教授科学的人都应该遵守，它们可以用九条极有用的规则表示出来。

（1）凡是应该知道的就必须教。

（2）凡是所教的都应该当作能在日常生活中应用并有一定用途的去教。

（3）凡是所教的都应该坦率地教，不可错综复杂地教。

（4）凡是所教的都必须顾到它的真实的性质与起源去教；就是说，要通过它的原因去教。

（5）假如要学任何事物，它的一般原则必须首先得到解释。然后才可考虑它的细节，不到那时候不能考虑。

（6）一件东西的一切部分，甚至最小的部分，都必须顾到它们的秩序、地位和彼此的关系去学习，不能稍有例外。

（7）一切事物都必须按照适当的顺序去教授，一次不可教一件以上。

（8）对于任何学科，非到彻底懂得之后，不可中途离弃。

（9）应该强调事物之间所存在的区别，使我们所得的关于它们的知识来得明白而清晰。

要求所有的教师在开始他们职业时都具有必需的技巧，那是不可能的，所以，必须把学校里所教的科学按照前述法则计划好。假如这样做了，每个教师就都不易射不中目的了。因为，假如这些法则能够严格地被遵守，毫无疑问，任何一个进过皇宫，有一点时间的人是容易精通里面的全部内容如图像、雕塑、地毯和其他装饰的，一点不会有困难；同样，一个青年到了这个世界的剧场，他也同样容易用他的心眼去探究自然的秘密，从此以后，张开眼睛在上帝与人类的作品中间去行动。

（十九）艺术教学法

关于这种种，有十一条应当遵守的规则：其中六条是关于材料利用的；三条是关于指导的；两条是关于实践的。

（1）凡是应当做的都必须从实践去学习。

（2）应做的东西，永远必须有一个明确的模型。

（3）工具的用法应当用实践，而不是用言语去指示；就是说，要靠榜样，不要靠教诲。

(4) 练习应从基本做起，不要开始就去从事野心勃勃的工作。

(5) 初学的人应当先用他们熟悉的材料去练习。

(6) 最初应当精确地模仿指定的形状，后来才可多给一些自由。

(7) 应制的事物的模型必须尽量完好，务使任何人充分模仿过后都能在他的艺术上面达到完好的境地。

(8) 头一次的模仿应当力求正确，不要稍有背离模型的地方。

(9) 错误必须由教师当场改正；但是同时也要给予教诲，这是指的规则和规则的例外。

(10) 艺术的完善的教学基于综合与分析。

(11) 这种种练习必须继续到艺术品的产生变成第二天性为止。

因为产生一个艺术家的是实践，不是别的。

（二十）语文教学法

学习语文，并非因为它们本身是博学或智慧的一部分，而因为它们是一种手段，可使我们获得知识，并把知识传授给别人。

语文的学习，尤其在青年时代，应当和事物的学习联系起来，使我们对客观世界的认识和对语文的认识，即我们的对事实的知识和我们表达事实的能力得以同步前进。因为我们是在形成人，不是形成鹦鹉……

由此可见：第一，学习文字不应该离开它们所代表的事物；因为事物不是分别存在的，没有文字是不能够懂得的，它们是两者并存，一同履行它们的功用的。

第二，不论哪种语文，对它的完整和细微的知识是很不必要的，如果有人要去达到这种目的，那是荒谬和无用的。

第三，可见孩子们的智力和语文应当在吸引他们的材料上得到练习，而吸引成人的材料则应当留在后一阶段。

对于多数语言，我们的方法可以归纳成八条规则，可以使学会各种语言变成一件容易的事情。

（1）每一种语言都当分别学习。

（2）每一种语文都必须有一定的时间去学习。

（3）一切语言通过实践去学比通过规则去学来得容易。

（4）但是规则可以帮助并强化从实践得来的知识。

（5）语言所化成的规则应当是文法的，而不是哲理的。

（6）在为新学的语言写述规则的时候，心里必须时时记住业已学会的语言，只应强调两种语言的不同之点。

（7）新学一种语言的时候，最初的练习必须从业已熟悉的题材入手。

（8）所以，一切语言都可以用这个方法去学。

这就是说要通过实践去学，同时也学一些极简明的，只涉及它与业已学会的语言之间的异点的规则，要通过涉及业已熟悉的题目的练习去学。

（二十一）道德教育的方法

形成道德的艺术是根据下列十六条基本规则的：

（1）一切德行都应当培植到青年身上，不能有例外。

（2）主要的德行应当首先培植；这些德行是持重、节制、坚忍与正直。

（3）持重应当从接受良好的教导，从学习事物间的真正区别和那些事物的相对价值去获得。

（4）应当教孩子们在饮与食、睡眠与起床、工作与游戏、谈话与缄默方面，在整个受教期间实行节制。

（5）坚忍应当从自我克制去学习；就是要在错误的时候或者过了恰当的时候，就要压下游戏的欲望，要抑制急躁、不满足和愤怒。

（6）青年人应当不损害人，应当把各人当得的给予各人，应当避免虚伪与欺骗，应当显得殷勤随和，这样学习去行正直。

（7）青年人格外必需的坚忍是坦率大方与忍劳耐苦。

（8）坦率大方是由经常接近有价值的人，由在这种人前按照所受的教诲去行动而获得的。

（9）假如孩子们不断工作或游戏，他们便能学会忍劳耐苦。

（10）与正直同源的德行，或敏于而且乐于替别人服务的态度应当尽力在青年人身上培植起来。

（11）德行应该在邪恶尚未占住心灵之前，早早就教。

（12）德行是由经常做正当的事情学来的。

（13）父母、保姆、导师和同学的整饬生活的榜样必须不断放到儿童的跟前。

（14）但是榜样之外，关于行为的教诲与规则也是必须的。

（15）儿童必须非常用心地避免不良的社交，否则他们便会受到传染。

（16）我们不可能谨慎到不让任何恶事得到一个进口，所以，严格的纪律是必须用来制止邪恶的倾向的。

（二十二）论学校根据年龄与学力的四重区分

工匠们习于按照行业的情形或难易，定下某种训练学徒的期限（二年、三年或七年)。在这期限以内,学徒可以得到一种完全的训练,凡是学完了的学徒,起初可以当职工,往后就可以当工头。在学校组织方面,也应当采取同样的制度,应当划出明确的时限,以分别学习艺术、科学与语文之用。这样一来,我们就可以在一定的年限以内涉猎全部人类知识,当我们离开人类锻铸所的时候,我们就能具有真实的学问、真实的道德和真实的虔信了。

为了达到这个目标,全部青年期都应当用来培植才智——我们的意思不是说学会一种艺术就够了,是说应该学会一切文艺和一切科学。学习应从婴儿期开始,一直继续到成年;这24年的光阴应当分成界限分明的几个时期;在这方面,我们应当追随自然的领导。因为经验告诉我们,一个人的身体可以继续生长到25岁,此后它便只长力量了;我们必须由此做出结论,这种缓慢的生长率是上帝的远见给予人类的(因为动物的较大的躯体几个月、至多几年就可以完全长成),使他得到较多的时间,对于人生的责任有所准备。

所以,全部期间应当分成四个明显的阶段,即婴儿期、儿童期、少年期和青年期,我们应给每期分派六年的光阴和一所特殊的学校:

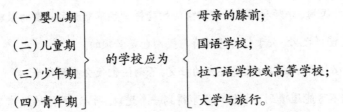

（一）婴儿期　　　　　　　　母亲的膝前;

（二）儿童期　　　　　　　　国语学校;

（三）少年期　的学校应为　　拉丁语学校或高等学校;

（四）青年期　　　　　　　　大学与旅行。

每个家庭应当有个母育学校,每个村落应当有个国语学校,每个城市应当有个高等学校,每个王国或每个省份应当有个大学。

这些不同的学校不是要去研究不同的学科，而是要用不同的方法去学习同样的学科，教导一切可以产生真人、真基督徒和真学者的事。这些学校自始至终，要按学生的年龄及其已有的知识循序渐进地进行教导。因为，按照这种自然的法则，学科的各个部门不应当拆散，而应当同时教授，像一棵树的各个部分在每一生长期间同时生长一样。

夸美纽斯的名著之二：《母育学校》

一、成书背景

《母育学校》是世界上第一部系统研究幼儿教育的学前教育学专著，或者更准确地说，是历史上第一部家庭幼儿教育学。即使在夸美纽斯之后的200年中，也没有人对学前教育进行过系统研究，更没有人撰写过全面论述学前教育学的专门著作。夸美纽斯因此成为最先研究家庭教育的教育家和思想家之一。

《母育学校》写于1628—1630年间，当时夸美纽斯任摩拉维亚教会的牧师并在波兰的黎撒主持一所兄弟会学校的工作。《母育学校》最初是用波希米亚文写的，后译成德文于1633年在黎撒第一次印刷，第二年在莱比锡出版。两年后在纽伦堡印刷德文第三版。接着相继出现了波希米亚文和拉丁文版的《母育学校》。1641年出现了该书的英文版。1858年，丹尼尔·本瑟姆在伦敦出版《母育学校》的英译本，并为这一版本的《母育学校》写了叙述夸美纽斯生平的精辟的前言。1875年和1891年在莱比锡又两次出版了德文译本。随后，在美国，出版了以1858年的英文版和1875年、1891年的德文版为范本，由美国著名教育家孟禄编撰并撰写导言的英文版《夸美纽斯的幼儿学校——论幼儿头六年的教育》。人民教育出版社出版的中译本，是根据美国的这一版本翻译而成的。《母育学校》被辑入《夸美纽斯教育论著选》，作为该社的《外国教育名著丛书》之一于1990年出版。《母育学校》自发表以来，就一直以其独有的风格广为传播，成为人类史上首次制定的6岁以下儿童教育大纲，也成为家长们的实用手册和母亲们进行家庭教育的指南，被称为开启儿童智慧大门的"金钥匙"。

"母育学校"不是通常意义上的学校，而是"母亲膝前"教育的意思，为此，《母育学校》一书还专门加有一个说明性的副标题："论6岁以下儿童的细心教育法"。夸美纽斯认为，家庭是儿童的第一所学校，家庭教育是学校教育的初步阶段，父母是儿童们的第一位老师，特别是母亲对孩子的教育负有特殊的责任和义务。但是"因为父母有家务要照料，所以不能像专以教导青年为职务的学校教师一样有系统地进行工作，第二，因为就智力与可教性而论，有些儿童发展得比别人快得多"，作为教育家，我们应为做父母与做褓姆的人写一部手册，把他们的责任用白纸与黑字写出，放在他们的眼前。这本手册应就儿童所当学习的各种科目加以简单的描述，应当指出教导每一种科目的最合适的时机，和灌输它们所当采用的最佳的言词与姿态。这本书的名字叫作'母育学校'指南"。这是夸美纽斯在《大教学论》第28章"母育学校的素描"中对这本书写作意图的阐述。

《母育学校》虽然只是一本不足5万字的小册子，但是它的重要意义和历史价值又是不能以篇幅衡量的。夸美纽斯以后，虽然洛克、卢梭的教育著作中都有关于学前教育的论述，但只是到了19世纪上半期，当学前儿童的社会教育机构出现以后，学前教育的实践和理论才更趋成熟并发展到一个新水平。夸美纽斯的超越时代的远见令人钦佩。

二、篇章结构

在《母育学校》中，夸美纽斯阐述了儿童的价值，父母的责任，学前教育的意义、任务、内容、原则、方法，还阐明了从学前教育到学校教育的过渡和衔接问题。全书共分12章，大致可以分为以下3个部分：第一部分是总论，包括第一章至第四章；第二部分是分科教育，包括第五章至第十章；第三部分阐述幼小教育的衔接，包括第十一章和第十二章。

第一部分 总 论

第一章"儿童的要求"主要论述了儿童的价值。夸美纽斯借助上帝的口吻强调成人应当热爱儿童。他指出："儿童是无价之宝——上帝的灵魂"[1]，"对于父母，儿童应当比金、银、珍珠和宝石还珍贵，这事若与来自上帝的一切恩物加以比较的话，就可以发现其中的道理。"[2]

第二章"父母的义务"论述了父母有培养儿童的义务和责任，如果父母只关心儿女的衣食住行，就没有尽到自己的义务。夸美纽斯认为，家长"首先应该注意的，应是属于灵魂方面的。由于这是人的主要部分，所以我们应尽其一切可能华美地把它装饰起来。其次是注意身体，使其成为一个适合于并且值得做那永远不灭的灵魂的居所"[3]。做父母的要在信仰与虔诚方面对子女施以必须的训练，此外还应提供一些有关道德、科学、文学艺术和其他必须的优雅的文化知识。

第三章"初步教育的价值"从几个角度分析了初步教育的重要性和必要性。首先，要培养儿童的德行、智慧和知识，这些品质不经过专门的教育活动，是不会自发地为儿童所具有的。其次，对儿童进行初步教育是上帝赋予父母的职责所在。另外，还论及古代贤明的国王和智者等也十分重视儿童的教育。

第四章"早期教育的性质"主张早期教育是一种实物课程，还提出早期教育的主要任务和内容是实物教育。实物课程的具体内容包括自然事物、光和光学方面、地理学方面、时间和年代、家务和家庭、国家及有关知识等。实施教育的方法包括在认识事物之中、具有活动能力的各种劳动之中、语言方面、德行

[1] 任钟印选编.夸美纽斯教育论著选[M].北京：人民教育出版社，2004.12.

[2] 任钟印选编.夸美纽斯教育论著选[M].北京：人民教育出版社，2004.15.

[3] 任钟印选编.夸美纽斯教育论著选[M].北京：人民教育出版社，2004.19.

方面、虔诚方面。

第二部分　分科教育

第五章"体育"论述了儿童健康教育的内容与方法,父母应对其子女的健康给予特别的关注。首先,阐述了妇女从怀孕起就应注意自身的生理与心理的养护,注意营养,避免突然的恐惧及过度的愤怒、怨恨、伤感,以及其他应当注意的事项。其次,良好的母婴关系对儿童发展十分重要,儿童出生后,应由母亲亲自抚养,特别重要的是要用母亲的奶水喂养,不可将婴儿交给他人代养,对那些因为要保持体形而拒绝亲自喂养子女的母亲进行批评,"所以,我认为做母亲的对其婴儿这样残酷的疏远(即将婴儿托给别人哺乳)是与上帝和自然相对立的,对儿童有害的,对母亲自身也是有害的,不名誉的而且应予谴责的。"[1]再次,对于学前儿童的饮食、营养、生活习惯、运动、游戏、玩具等方面也做出了论述,指出儿童在成长过程中,要尽量避免不良习惯的形成。要让儿童按照自己的意愿进行游戏,成人不应对其进行干涉,游戏对儿童生理和心理发展有着重要意义。最后,说明生理与心理健康的关系,"一种愉快的心情就是一半的健康",所以,成人要尽量让儿童处于愉悦的状态之中。

第六章"自然与思维的研究"和第七章"活动与表现"阐述了培养儿童智慧的重要性和如何培养儿童智慧的问题。指出儿童在人生的头6年需要学习的内容和应该掌握的知识,即各类自然事物、各类自然科学常识、各类社会科学知识、音乐知识、语言和绘画写字等。其次对婴幼儿的教学方法及合适的教育时机也进行了讨论,提出如下意见:教育幼儿宜尽早开始;可通过大人与小孩的对话进行;可随机进行;可通过游戏进行;尽量利用寓言、动物故事来教育幼儿;考虑个别差异,避免强求一律;循序渐进。另外指出,儿童天性好动,血气旺盛,不要对儿童活动加以限制,而要让他们常常有事可做,游戏是最适合儿童

---

[1]　任钟印选编.夸美纽斯教育论著选[M].北京:人民教育出版社,2004.30.

的活动方式,通过游戏,儿童可受到一种积极生活的锻炼而没有任何困难。

第八章"语言的用法"论证了语言对于人的价值和意义。"两件事情有力地把人与动物区别开来——推理和语言。人之需要前者,是为他自己,而后者则为别人。所以,对于二者,我们都须予以同等的注意,如此,则人的心智和语言就可以受到同等的训练并尽可能练习好。"[1]提出语言教育要从儿童开始发音时就进行,使之正确发音,然后随着经验的增加,语言的内容逐步丰富起来,语言的技巧变得越来越重要,成人应当注意引导儿童进行问答练习。另外,修辞等文学的基本素养也应在童年开始加以培养。

第九章"道德训练"将世俗的道德教育从宗教教育中分离出来,成为独立的教育内容,对儿童的道德教育进行了详尽的论述。指出"幼年儿童在其生活中的头几年,能比以后更容易地锻炼每种好德行"[2]。训练的方法是:"提供各种行为的永久范例;适时地和聪明地教导和训练;适当地进行规定的训练。"[3]在榜样和训诫不起作用的时候,适当的惩罚是必要的。应培养的品行主要有:节制和俭朴、良好的饮食习惯、尊敬长辈、服从、诚实、遵守公德、仁慈、勤勉、沉静、忍耐、良好的礼仪、谦逊与顺从等等。

第十章"宗教教育"主张培养儿童对上帝虔敬的感情,论述了如何按照儿童年龄阶段的特点,进行相应的宗教教育,从而引导儿童虔诚地信奉上帝。

第三部分　幼小教育的衔接

第十一章"家庭教育的扩展"对儿童离开家庭进入学校的年龄作分析,认为儿童在6岁前入小学是不适宜的,一方面是因为稚龄儿童需要更多的监护和照顾,另一方面是因为儿童脑子还未成熟。入学年龄应当在6岁末至7岁初,进而提出儿童进入公共学校能力的具体标志。

---

[1] 任钟印选编.夸美纽斯教育论著选[M].北京:人民教育出版社,2004.47.
[2] 任钟印选编.夸美纽斯教育论著选[M].北京:人民教育出版社,2004.51.
[3] 任钟印选编.夸美纽斯教育论著选[M].北京:人民教育出版社,2004.51.

第十二章"进入公共学校的准备"指出父母没有准备就将其子女送往学校是不智之举，对父母如何引导儿童进入学校进行了指导。父母需要做的工作包括："首先，接近儿童入学的时候，他们应当以快乐的心情尽力鼓舞儿童，好像节日和收获葡萄季节快到时那样"[1]，使其明白进入学校是件愉快的事情；其次，"告诉儿童入学获得学问是何等美好的事情，将会收到良好的效果"[2]，激发儿童对知识的渴求；再次，"父母应当努力激发儿童对未来教师的信心和爱戴"[3]，让儿童相信未来的教师是有学问、智慧、仁慈与和蔼的。

三、内容精要

夸美纽斯在《母育学校》一书中，着重论述了以下几个问题：

（一）论尊重儿童

在《母育学校》开篇，夸美纽斯就提到"儿童是无价之宝——上帝的灵魂"，生儿育女是上帝的恩赐，孩子可以称之为上帝的种子，要求人们尊重儿童要像尊重基督一样，警告任何冒犯儿童的人必定会遭到上帝的严厉惩罚。这种说法，虽然带有一定的宗教色彩，但实质上是对封建宗教意识的一种反驳。在西欧中世纪时期，思想观念占统治地位的是基督教教义，在人生意义上宣扬的是所谓人生而有罪的"原罪说"，妄称婴儿是带着"原始的罪恶来到世上的，一生必须不断地赎罪"，斥责、鞭笞甚至虐待儿童的认识和行为屡屡发生。夸美纽斯对此进行了激烈的批判，认为儿童产生于父母的实体本身，是他们实体的一部分，生来是一颗没有被玷污的纯洁的"种子"，保持着谦虚、善良、和睦、可亲的美德。另一方面，儿童对于国家来说，是国家的未来。他们必然会发育长大，

---

[1] 任钟印选编.夸美纽斯教育论著选[M].北京：人民教育出版社，2004.72.

[2] 任钟印选编.夸美纽斯教育论著选[M].北京：人民教育出版社，2004.72.

[3] 任钟印选编.夸美纽斯教育论著选[M].北京：人民教育出版社，2004.72.

成为未来的博学的学者，哲学家，科学家，以及国家的领导者。由此出发，夸美纽斯要求父母应该加倍地热爱儿童，尊重儿童，就像基督那样，不仅希望他自己作为塑造儿童天性的参与者，而且还把儿童当作一种乐趣和爱好。

夸美纽斯强调儿童比金银珠宝还要珍贵些、可亲些，因为：（1）金银皆无生命，儿童却是上帝的生气勃勃的形象，反映了三位一体的精神。（2）金银是流行的和暂时的东西，儿童却是永远不灭的遗产。（3）金银是公共之物，儿童却是上帝指定给父母的独特财产。（4）儿童永远在上帝的保护之下。（5）由于上帝爱儿童，常常宽恕父母，使之免遭灾难。（6）儿童正像一面镜子，人们可以从中注视谦虚、有理、亲切、和谐及其他基督徒的品质。

既然对于父母来说，儿童比金银珠宝还要珍贵，那么如果父母只关心儿女的衣食住行，就不能算尽到自己的义务。要把自己的孩子教养成人，不付出勤勉的劳动是不可能的，这就好比将一个嫩芽培植成一棵大树，需要浇水、施肥、篱围一样。儿童从一出生到6岁，就应生活在一所母育学校中，其老师就是他的母亲，父母不应把自己子女的教育全部托付给学校的教师和教会的牧师。家长首先要关心的是儿童的心灵，对儿童的心智进行正确的训练，要使儿童接受3方面的教育："第一，幼年儿童必须首先在虔敬方面受到锻炼。其次，在德行方面，最后在较进步的文学之中受到教育。而在后者，幼年儿童表现的熟练性愈大愈好。"[1]为此，夸美纽斯赞誉到："不论谁要使儿童在他的家里受到这三方面教育，就须占有一个园地，在这里，天上的幼苗被播种、浇灌、开花、繁荣滋长；此外，还应有一个圣灵的雕刻室（或工场），在这里可以精心做成并磨光那些仁慈的器皿，那些荣耀的上帝的工具。如此，在这些作为上帝生动的形象的器皿和工具之中，他那永恒和无限的德性，智慧和博爱的光芒，闪烁出更多的光辉。父母们在这样的乐园里的快乐是多么不可形容啊！"[2]这是夸美纽斯给予

[1] 任钟印选编.夸美纽斯教育论著选[M]北京：人民教育出版社，2004.20.
[2] 任钟印选编.夸美纽斯教育论著选[M]北京：人民教育出版社，2004.20.

儿童的最高献礼,认为所有儿童不论贫穷的和富的,高贵的和低贱的,男孩和女童,都要受到教育。

(二)论早期教育的价值

夸美纽斯吸收继承了古希腊、古罗马时期教育家和文艺复兴时期人文主义教育家关于儿童早期教育的理论,并总结自己长期教育实践的经验,对幼儿应该及早进行教育的重要性问题多次做过深刻的阐述,认为早期教育对儿童的身心健康发展发挥着重大作用。因为,首先,谨慎、全面、科学地组织儿童的早期教育,可以更好地保护儿童,防止不良习气、粗鄙邪恶的种子进入儿童的心灵,同时也是预防人类堕落的重要手段,儿童还可以在早期获得一些必要的粗浅知识,为入学以后的教育奠定成功的、坚实的基础。其二,夸美纽斯引用古罗马政治家、哲学家西塞罗(前106—前43)的话说:"整个国家的基础在于童年的正确教育。"儿童是国家的未来,振兴国家要从儿童教育开始。指出教育必须从幼年开始,母育学校(mother school)包括儿童生活的头6年,是为儿童以后所要学习的一切奠定基础。

夸美纽斯关于幼儿教育的重要性见解,是在他所处的特定历史时代与社会条件下提出来的。当时欧洲正处于封建主义和资本主义交替的关键时期,作为反封建的新教教派一员及领袖的夸美纽斯,不断揭露和抨击封建社会的腐朽与黑暗,竭力谴责封建贵族和教会的种种罪行,将封建社会腐朽与道德败坏的原因归结于人心的败坏,于是寄希望通过教育改变并弘扬人性,来医治社会的创伤,从而使国家和社会得到改良,而这种教育应该从儿童抓起,教育越早成功机会越大。夸美纽斯的这种考虑有其合理的因素,即站在新兴资产阶级的立场上,力图以世俗的文化以及和谐发展的教育取代中世纪的神学教育,以细心正确的幼儿家庭教育取代封建专制的贵族家庭教育,从而为资产阶级培养有知识,有能力的新人。但也不免存在偏颇之处,在于夸美纽斯只从道德方面揭露封建社会的腐朽，却根本不了解其腐朽的根本原因是什么，实际上单靠教育是无济于事的。

（三）论幼儿教育内容

在《母育学校》里，夸美纽斯遵循儿童的自然性原则，认为教育内容应由简到繁，从感觉（看、听、尝、触）训练到宗教信仰的培养，形成梯度，循序渐进。教育方法应简单灵活，易于操作。

1. 智育

夸美纽斯提倡对幼儿进行"百科全书"式的启蒙教育，强调发展幼儿智力的必要性，这是和他的"泛智"思想紧密联系在一起的。继《大教学论》之后，夸美纽斯在《母育学校》中又一次赞美人类的智慧，认为智慧胜过价值连城的珠宝。他风趣地颂扬说，在智慧的右手握着永恒与幸福，左手握着财富和荣誉，她的途径是美好的途径，她的道路是安全的道路，但必须通过勤奋、努力和学习来取得。因此，他认为父母的明智不仅仅在于使儿童健康地生活，而且也要尽力做到使他们的头脑充满智慧，这样才能成为一个真正幸福的人。他还指出，成人不应以为儿童无需多大努力就能自行获得知识，就能使智力发展起来，父母应尽最大的努力去启发幼小儿童养成学习的习惯，并对他们进行初步的智力教育。这是父母身上肩负的一种责任。

关于幼儿初步智力教育的内容，夸美纽斯把它规定为3个方面：帮助幼儿通过感官积累对外部世界（自然界、人类社会和家庭生活方面）的初步观念；发展语言能力；训练手的初步技能。通过这3方面的教育和训练，使幼儿获得多方面知识的萌芽。为此，夸美纽斯在《母育学校》中详细列举了幼儿"百科全书"式启蒙教育的学习科目，要求幼儿在物理学、天文学、地理学、光学、年代学、修辞学、数学以及经济学等方面，逐年去了解和掌握各类自然事物、自然科学常识、社会科学知识等一些初步概念。他在这里虽然使用了许多科学学科的大字眼，但就其具体内容要求来说，他要幼儿学习的只是这些学科中最普遍、最通俗、最粗浅的内容而已。如学习物理学，只是教幼儿一些有关水、火、雨雪风霜、花草树木、牛马禽鸟等常见动物和自己身体各部位名称等小知识。在光学方面，知道什么是光明和黑暗，并能区别几种常见的颜色等。在天文学方面，能辨别日月星辰及其运动。在地理学方面，知道周边的城市、乡村，知道什么是山川、河流、森林、田野、牧场等。在机械学方面，能了解不同方式的运动，如放下、抬起、旋转等。在算术方面，能数到60，理解什么是偶数和奇数，能做10以内的加减。在几何学方面能对大小、厚薄、长短等多种几何形体进行比较，了解度量衡的名称等。在年代学方面，则知道关于春、夏、秋、冬季节和年、月、日、星期、明天、昨天、早、中、晚等时间概念。在历史学方面，知道最近发生的事情。在政治学方面，知道君主、议员、行政官员的概念，应当对谁服从、对谁尊重；在经济学范畴，应该知道的是有关家庭成员的称呼、家具餐具的名称和用途，以及幼儿每日生活中可见的家务管理等。

此外，启蒙教育还应该包括音乐、语言、绘画写字等内容。通过学习唱歌，分辨各种打击乐器、和弦、背唱圣诗，从而得到音乐的陶冶。通过教导儿童清楚、准确地发出字母、音节和单词的声音，发展儿童的语言思维。在儿童四五岁时，可训练其用粉笔练习画点、线、勾、圆等简单图形。由于夸美纽斯笃信宗教，所以他也要求幼儿学唱"教义问答"和赞美诗。把宗教教育列入儿童教育课程，在当时欧洲有其历史与社会背景原因，虽不足取，却是可以理解的。

2. 体育

夸美纽斯十分重视幼儿的健康教育，认为在幼儿的教育方面对父母来说，应该"首先注意保持其子女的健康，因为除非他们生气勃勃而有力，父母们就很难成功地把他们培养成人"。他在《母育学校》第5章中用了近30节的篇幅专门论述了"怎样去发展儿童的健康和力量"问题。他恳切地要求每一个母亲应该关心的是保障幼儿的身体健康。夸美纽斯认为，保障幼儿身体健康要从婴儿出生之前做起。首先妇女自怀孕之日起，为了使她所怀的胎儿健康地诞生到人间来，就要关心自己，注意保持身心健康，不要使胎儿受任何损害。在孕妇和胎儿的保健方面，夸美纽斯提出了许多具体的、有益的建议和忠告。如孕妇凡事要有节制，不多食、不饮酒，要避免碰撞和摔倒，也不要去做不适时的斋戒，"因为这些东西都会戕害自己的身体和力量而不利于胎儿的成长"。此外，孕妇还要严格克制自己的情绪，避免惊惶、苦恼、着急、发愁。因为如果不预防这些现象，不但会影响新生儿的情绪气质，而且突然的恐惧和过度的刺激还会造成流产或降生一个孱弱的婴儿。为此，他要求孕妇保持平静而愉快的心情，并去操持一些家务和进行适量的活动，劝告她们不要过于贪眠、过于懒散，这样则于身心有益。

　　合理喂养是婴儿出生后的主要问题。夸美纽斯要求做母亲的应当给儿童哺乳，不应该使儿童离开自己。他严厉谴责当时的贵族妇女宁愿去亲昵一只小狗而不愿怀抱婴儿，以及为了保持自己外貌、体型的娇美和生活悠闲舒适而不愿照料亲生儿女的风气，认为这是一种根深蒂固的十分有害的风尚。对此，大家不能保持沉默，不能让其蔓延。婴儿断乳以后的饮食要富有营养，分量要适度，也不要吃喝太烫和厚味辛辣的东西。此外，夸美纽斯还特别告诫父母们不能给幼儿随便用药，不然，"这无异于使他们服毒"。他还强调儿童宜吃天然的、软和的、容易消化的食物。这些是很有见地的,合乎营养学、医学科学的看法。由于幼小儿童的躯体、骨骼、血管都十分稚嫩脆弱，因此父母和成人必须特别细心地照料他们，他曾比喻说：儿童比黄金更贵重，但比玻璃更脆弱。很容易因大人的一时疏忽而伤害其感官或四肢，以致失去听力或视力，造成终身的残废，而这是无法纠正的。为了保障幼儿的身体健康，夸美纽斯要求儿童自幼就要建立合理的生活制度，使饮食、衣着、睡眠和活动都有一定的规律，为儿童以后良好生活习惯的养成打好基础。要让孩子得到"有节的睡眠、经常的游戏和身体的运动"。夸美纽斯指出,一个孩子"跑和游戏愈多,他的睡眠也愈香甜,胃的消化愈加容易,而其身心的生长与发展就愈快;只须注意的就是不让他伤害着自己。所以,应当为孩子们找一个可以在其中跑或安全锻炼自己的场所"。夸美纽斯还引用了当时流行的一条谚语:"愉快的情绪就是健康的一半。"为此,他要求所有的父母必须竭力设法为幼小儿童安排各种娱乐活动,如散步、做游戏、唱歌、讲故事和看图画等,使他们的生活充满欢乐愉快的气氛,而有益于身体的健康成长。

3. 德育

在夸美纽斯的早期教育中,对儿童的道德培养极为重视,内容从饮食起居到宗教礼仪,有12项之多,要求合理得当。他从改良社会道德的要求出发,认为在幼年时代应锻炼"外部的德行",因为这一时期"能比以后更容易地锻炼每种好德行",有什么样的播种,就会有什么样的收获,成长时若未受过管教,长大就会缺乏德行。夸美纽斯希望幼儿德行的实践能够成为他们的第二天性。

为了使幼儿道德教育收到良好的效果,夸美纽斯坚决反对父母和成人溺爱放纵孩子,以"他还是个孩子"作为理由加以原谅,容忍他们在毫无纪律约束下为所欲为。他正确地指出,如果父母在儿童的心灵中播下任性的种子,却想收获纪律的果实,那不是非常奇怪的吗?他认为,儿童任性实际上不是孩子缺乏理智,而是成人愚蠢造成的不良后果,因为儿童生下来不是要做一头小牛或一匹驴,而是要成为一个有理性的人。不智的父母娇惯孩子,孩子以后不仅不会尊敬他们,反而会成为他们的困扰。为此,他要求自幼培养儿童的纪律观念,但又不要过于严厉,要以温和的态度对幼儿提出合理的要求。

(四)论幼儿教育方法与原则

夸美纽斯一再强调父母是儿童的教育者,担负着把自己的儿女教育成人的责任。在如何教育子女上，有着很大的学问，要求做父母的不仅要有耐心，而且要肯下功夫去研究。因为，"不用勤勉的劳动而能把儿童教养成人，那是不可想象的"。他希望父母和成人一定要深思熟虑，采用符合幼儿发展程度的恰当方法去教育孩子。比如：如何对幼儿进行初步知识教育的问题，夸美纽斯认为最可靠有效的方法是让幼儿通过自己的感官去认识外部世界。他还具体建议，运用故事和寓言来发展幼儿的智力，因为妙趣横生的故事，深入浅出的寓言，儿童听起来不但觉得生动有趣，而且易于理解和记忆。此外，夸美纽斯还很重视游戏，认为游戏不仅有益于儿童的身体健康，而且有助于发展肢体活动能力和智力的灵敏性。他正确地指出，游戏的时候，幼儿的智力处在紧张的活动状态之中，因而会得到磨炼，促使智力得到发展。因此他主张，不管儿童想玩什么游戏，只要不会伤害身体或损坏东西，成人都应支持并给予帮助，而不应限制或阻止；反之，让孩子无所事事倒是有害于幼儿身心发展的。在发展幼儿语言方面，夸美纽斯要求从一开始就应注意发音清楚，要教导并帮助幼儿清晰地读出字母、音节和词，而且一旦开始说话就要注意纠正模糊的喉音。为了使儿童掌握语言，他亲自编写了《语言初阶》《世界图解》等教科书。在这些教科书中，他进一步要求把语言与具体事物联系起来。他说："文字的学习不应该离开它们所代表的事物。"显然，这是他的"直观性教学原则"在幼儿教育中的直接运用。另外，夸美纽斯认为父母或成人以身作则，身教重于言教，在幼儿教育中更显得重要。因为这一时期儿童的思维是以具体性为特征的。大人们的言行举止，仁慈地、温存地、好意地对待儿童的态度，都是他们直接模仿的榜样。

具体来说，母育学校的教育方法包括以下几点：

1.幼儿教育应当及早进行。

2.运用对话的方式对儿童进行教育。

3.通过游戏实施教育。

4.选取儿童比较感兴趣的寓言、故事等促进其语言和道德的发展。

5.注意个体差异,避免试图用一种方法教导所有的学生。

6.循序渐进,根据儿童的年龄特征,逐步修改和增加知识内容与深度。

7.考虑教育时机,适时施教。

母育学校的教育原则包括以下两个方面:

1.母育学校课程的组织实施必须依循自然的秩序,这是夸美纽斯在所有教育活动中始终坚持的原则。

2.对儿童传授知识必须依靠感官进行。夸美纽斯认为感官是个体认识世界中最直观和有力的工具,对于儿童来说尤其如此。儿童思维发展阶段较低,很难用抽象思维去认识事物,因此感官作为直观的认识工具,在儿童认知活动中是不可或缺的。

(五)论父母怎样准备他们的孩子入学

夸美纽斯在《母育学校》最后的第十一章和第十二章中,专门探讨了有关幼儿入学以及做好入学前准备工作的问题,并提出了许多有益的建议。他认为,幼儿需要有比教师所能给与他的更多的关怀,所以最好留在"母育学校"里,在母亲庇护下,自然而然地,在不知不觉中和仿佛是用游戏的方式进行学习。但儿童到了五六岁的时候,他的骨骼和头脑发育日趋完成,对此,夸美纽斯主张6岁以后的儿童应该到学校中去继续学习已经开始的东西。因为到了这个时期,儿童已能容易地学完需要在家学会的东西,如果再不把儿童马上送到真正的学校中去,那么,无疑地他会习惯于无益的休闲,甚至会养成类似粗野的缺点,而这类缺点一经养成,以后是很难加以铲除的。与此同时,夸美纽斯又指出,6岁入学也不是绝对的要求,从儿童各自能力发展的不同情况出发,入学时间推迟或提前半年到一年,也是允许的。他提出儿童进入小学的能力标志是:其一,真正获得在母育学校所应学会的东西;其二,对问题有注意、思考、辨别和一定的判断能力；其三，儿童是否具有继续学习的愿望和要求。

在幼儿入学以前，夸美纽斯要求父母必须认真做好入学前的准备工作。首先，鼓励儿童，使其明白进入学校是一件十分愉快的事情，它就像赶集或收获葡萄一样给人快乐，在学校里会有其他孩子同他一起学习和玩耍。其次，激发儿童对知识的渴求，可以给儿童看看为他准备好的学习用品。再次，赞扬未来教师的善良与博学，让儿童相信未来的教师是值得信任和爱戴的，如此等等。他告诫父母，千万不应以学校和教师来恐吓儿童，使儿童心怀恐惧，不愿入学。

夸美纽斯在《母育学校》一书中所论述的幼儿家庭教育思想，是他整个教育理论体系的一个重要组成部分，其中处处体现了新人文主义思想的进步性，体现了打破封建教育旧传统，探索幼儿教育新方法的创新精神。他在论述幼儿教育诸方面问题时，不仅广泛吸取了当时教育思想发展的有益成果，而且还力图在当时科学发展所能达到的水平上，以及他个人对儿童生理及心理发展科学认识水平上，去着力论证幼儿教育的各种要求，企图把幼儿教育建立在一定的科学基础上。这一点是十分可贵的。不可否认，《母育学校》通篇还带有浓厚的宗教色彩，有些论述又过于片面或绝对化。这些都是由历史条件和他的世界观所决定的。尽管如此，夸美纽斯在《母育学校》中阐述的幼儿教育理论，不失为世界教育史上一份极为珍贵的历史遗产。

四、名段选读[1]

（一）儿童的要求

你要把他们不仅仅看作是世界的未来的居民、土地的所有者和上帝在其所造之生物中的牧师（当我们去世时），而且也看作是和我们共同承受基督教遗产的同

────────

[1]　任钟印选编.夸美纽斯教育论著选[M]北京：人民教育出版社，2004.

等参与者,一个高贵的(王室的)僧侣,一个选民,天使们的同事,魔鬼的审判官,天国的向往者,地狱的破坏者——是永生上帝的最优越、居高位者的承继人。

对于父母,儿童应当比金、银、珍珠和宝石还珍贵,这事若与来自上帝的一切恩物加以比较的话,就可以发现其中的道理。

第一,金、银和其他同类的东西都是无生命的,只不过是比我们脚下所践踏的泥土要硬一点和纯洁一些;然而儿童们却是上帝的生气勃勃的形象。

第二,金、银是受上帝之命所产生出来的未成形的物体;但是儿童们却是由至圣的三位一体举行特别会商产生出来的并且按它自己的形象来塑成的。

第三,金、银是流行的和暂时的东西;儿童们却是一种永远不灭的遗产。虽然他们必有死,但他们既不归于乌有,也不会灭绝;他们只不过从一个有死亡的居所转到一个永远长存的境地。

第四,金、银是由地而产生,儿童们则出自我们的本体;由于是我们自己的一部分,所以,他们应受我们的爱护,自然不应少于爱我们自己……

第五,金、银从一个人转到另一个人,好像不属于哪一个人的财产似的,而是公共的;然而儿童们却是一种独特的财产,是上帝指定了给父母的……

第六,虽然金、银都是上帝的恩物,但这样的恩物,上帝却不允许派遣天使对它们加以监护;……但是对于小孩子们的照顾却永在天使的保护之下,这正如耶稣自己所证实的。

第七,金银和其他外在事物并不会让我们得到上帝之爱,也不会像儿童们那样保障我们免去上帝的愤怒;因为上帝这样爱孩子,以致为了他们的缘故,他是时常宽恕父母的。

第八,人类的生命并不存在于充足的财富之中,……但是上帝的恩赐为了儿童们的缘故,是永远和我们同在的,如此他们才得以存活。

最后,银子、金子和宝石,在智慧、力量和上帝的恩惠方面,给予我们的教育,并不比其他受造之物所给予的更深远，然而，儿童们给予我们的正像一面镜子，在它里面我们就可以注视谦虚、有礼、亲切、和谐以及其他基督徒的品德……

（二）父母的义务

人们不单从生育子女中得到快乐，而且为永生的原故，还要通过教育和训练儿女来锻炼他们的热情。

人可使牛耕田，猎犬打猎，马供人骑和拉车，这些动物之所以被创造，就是为这些用途，因而，它们也不能用作其他的目的；然而，人由于比其他动物高贵，为了崇高的目的，就应当受到教育。

如果做父母的只教导儿女吃、喝、走路、说话并为他们装饰衣服的话，那他们就不算完全尽了他们的义务；因为这些事是纯粹帮助身体的；而人的身体并不是他自己的，而只是灵魂的居所；客人（理智的灵魂）居住其中，有权要求比外部的房舍更多的维护。

首先应该注意的，应是属于灵魂方面的。由于这是人的主要的部分，所以我们应尽其一切可能华美地把它装饰起来。其次是注意身体，使其成为一个适合于并且值得做那永远不灭的灵魂的居所。关于心智方面，只有当对由上帝智慧的光辉所照耀的心智给以正确的训练时，人就可在观照自身之中所出现的上帝形象的时候，对这种优越性加以勤勉的照顾和保卫。

做父母的无论如何要在信仰和虔敬方面的义务之中施以必需的训练，此外还应提供一些有关道德、科学、文学艺术和其他必需的优雅的文化知识。最后，当其长大成人，他们就可成为忠实的人，能够聪慧地管理自己的各种事务，并可得到允许以执行有关生活的各项职务，而这些职责无论是属于神学的或是政治的，公民的或是社会的，上帝都希望他们能够完成。

幼年儿童必须受教育，其目的有三：（1）信仰与虔敬；（2）德行的端正；（3）语言和艺术的知识。在这里就按其简明的次序而不是相反地把它们提出来。第一，幼年儿童必须首先在虔敬方面受到锻炼，其次，在德行方面，最后在较进步的文学之中受到教育。而在后者，幼年儿童表现的熟练性愈大愈好。

（三）初步教育的价值

不付出勤勉的劳动而能把儿童教养成人，那是不可想象的。因为如果要使一个嫩芽变成一棵树就需要培植，浇水，篱围保护并且以支柱把它撑起；如果要使一块木头变成预计的一种特殊形状，就须用斧头把它劈开，分成木板，加以设计、雕刻、刨平、磨光并涂上不同的颜色；如果要使一匹马、一头牛、一匹驴或一头骡子，能够多为人服役，更须加以训练；还有，如果人需要有关身体动作的指导，就须每天在吃、喝、走路、讲话，攫取和劳动等方面受到经常的训练；像那些较深刻而又较难理解的义务——德性、智慧和知识，怎能会自发地为任何人所承受呢？我可以说那是全然不可能的。

所以，上帝既已将这种责任交托给父母，他们就应明智地承担起来并应备加勤勉地把一切属于知识和敬畏上帝的观念输到儿童们柔弱的心灵之中；应当"殷勤教训你的儿女，无论你坐在家里，行在路上，躺下、起来，"都要谈论。

（四）早期教育的性质

人在其身心最早形成的阶段中，就应当这样来塑造，使其成为终身应当成为的那样。

任何人在幼年时代播下什么样的种子，那他老年就要收获那样的果实，诚如谚语所说："幼年的追求就是老年的爱好。"

儿童还应在德行和德性方面受到教诲，特别是在以下几方面。

（1）在节制方面：他们应学习按照自然的需要吃、喝，但不要过于贪婪或在已经满足的时候，还要塞胀肚皮。

（2）在整洁和礼节方面：如上所述，饮食衣服以及身体都需要保持清洁，他们并应习惯于端庄有节。

（3）关于尊敬长辈：对长辈们的行为、谈话和教诲，他们应学着尊敬。

（4）在使他人满足方面：在其长辈点头表示允许的情况下，他们必须进行所有一切要求做的事。

（5）特别需要的就是他们应惯于说实话，而他们所说的一切的话都应按照所说的那样"是，就说是，非，就说非"。他们没有任何理由说谎话，或说一些言过其实的话，不论是严肃的抑或是以此取乐的。

（6）他们必须同样受到待人公平的训练，如不捉弄人，不暗中搞事情，不藏匿他人的东西，或不在任何方面使他人受害。

（7）应灌输给他们待人亲切的思想，要使人高兴，如此他们的心将落落大方，既不吝啬又不嫉妒。

（8）使他习惯于劳动以至厌恶懒惰，这对他们是极为有益的。

（9）他们应当学习谈话，但也应学习在需要的时候保持安静，默不作声，例如,在祈祷时或别人正在讲话的时候。

(10)他们必须锻炼耐性,如此,他们就不会希望举凡一切应做之事都会使别人满意,从幼年时起,他们就应学习约束自己的愿望。

(11)他们应当有礼貌地并甘心乐意地服侍其长辈。由于这是幼年期的重要而优美的品质,所以应从婴儿时代起就予以训练。

(12)由上所述将产生殷勤,借此,他们可以学习对人做出好的举动,祝贺问安和人握手,跪拜,因接受小礼品向人道谢,等等。

(13)为避免粗鲁或轻浮的外表,应同时让他们学习端庄,如此才能谨慎地、优雅地做事。一个儿童在这样德性中学习初步知识,如基督所表现的那样将会受到上帝和人的称赞。

至于正确的学习,这有三方面:学会理解、习作和说明一些事情或学会理解、习作和说明一切事情,但坏事除外。

儿童在头六年中应知以下事物。

(1)自然事物知道元素的名称——火、风(空气)、水、地,会说出雪、冰、铅、铁等名称。同样会说出树木和较为著名的和较为普通的植物名称,如紫罗兰、各种草以及蔷薇花。同样,如各种动物的区别,什么是鸟,什么是牛,什么是马,等等。最后要辨别自身的外部肢体,应说出它们的名称和用途,如耳朵能听,腿走路,等等。

(2)属于光学的能知何为黑暗,何为光亮和一些普通颜色的区别及其名称,那就够了。

(3)在天文学方面能辨认日、月、星辰。

(4)在地理学方面能知道他自己出生的地方和他生活的地方是城市、乡村、集镇或卫城；何为一块地、一座山、一片森林、一个牧场、一条河流，等等。

（5）关于儿童初次学习的年代学能知道何为一小时、一天、一周、一月、一年；何为春天、夏天，等等。

（6）历史学的开始要记忆昨天做的什么，最近做的什么，一年以前、或两三年以前做的什么。

（7）家务要辨识谁是家庭的成员，谁不是。

（8）在政治学方面要知道一国之中有君主、行政官、国会议员，并知道国家不时举行各种会议。

至于行动：有些关于思维和语言的，如辩证法、算术、几何学和音乐，有些是关于心和手的，如各项劳动和身体的动作。

（1）辩证法的原理可为儿童所吸取的，如他要知道问题是什么，答案是什么，并能清晰地回答提出的问题，而不把葱答成蒜（意即不要答非所问）。

（2）算术属于基础方面的是要知道某些东西是多或少，能数到20，乃至一连数到60并能理解何为偶数与奇数；同样要知道数目三比二大，三加一是四，等等。

（3）在几何学方面知道什么是大的、小的、长的、短的、宽的、窄的、厚的、薄的，何为一英寸、一英尺、一码，等等。

（4）儿童音乐会背唱一些诗篇或圣诗（赞美诗）中的词句。

（5）至于心与手每种劳动或艺术作业都开始于切断、劈开、雕刻、排列、捆绑、连结、搭起和展开，这些事都是为儿童所熟悉的。

至于语言，它的适当性是借助于语法、修辞和诗学来认知的。

（1）头六年的语法问题，儿童应当用自己的语言尽多地表达所知道的事物，虽然他说的话还不完整；但是应当使他言必切题并且使他音节分明地说话，好让人听懂。

（2）儿童的修辞学是要采用自然的动作来表达，并且要理解和重述一个寓言或一个比喻，如果他们听到的话。

（3）诗学初步将是背诵某些诗句或韵律。

所以，我将用一般的方法说明在头六年之内，如何教导儿童：

（1）在认识事物之中；

（2）在具有活动力的各种劳动之中；

（3）在语言方面；

（4）在德行和德性方面；

（5）在虔敬方面；

（6）既然生活与健康构成关系到人们的一切工作的基础，通过父母的勉励和照顾，会指导教育儿童如何保持健全和健康的。

（五）体育

最重要的是父母们应首先注意保持其子女的健康，因为除非他们生气勃勃而有力，父母们就很难成功地把他们培养成人。

有些母亲们（特别是上层阶级）常以亲自抚育子女为苦事，而把教养的责任诿诸他人。这样奇怪的行为是有害于儿童的，而且是不可宽恕的！

我认为做母亲的对其婴儿这样残酷的疏远（即将婴儿寄托别人哺乳，除非在不可避免的情况下和母亲不能亲自抚育）是：（1）与上帝和自然相对立的；（2）对儿童有害的；(3)对母亲自身也是有害的；(4)不名誉的而且应予谴责的。

让婴儿习惯于药品是非常有害的；因为用这种方法，时常妨碍胃的自然的消化，因此，也就妨碍他们的成长。

他们将如植物一样借助于流水的灌溉而滋长，只要他们得到有节制的睡眠、经常的游戏娱乐和身体的运动。

儿童比黄金更为珍贵，但是比玻璃还脆弱。它是易于被震荡和受伤的甚至成为不可补偿的损伤。

让我们引用几句格言："一种愉快的心情就是一半的健康"，"精神快乐是人的生命的泉源"。在这方面，父母们也应特别小心，不使孩子们没有快乐。

(六) 自然与思维的研究

聪明的父母们，不但提供其子女以生活之资，占有充足的财产，而且也必须使他们尽其一切手段来劳动，如此，他们的心灵就充满智慧。

儿童的记忆开始为他自己储存珍宝。为使他们所积累的事物是善的而且有益于德性的培养和增进对上帝的敬畏，那就必须加以密切注意。一切相反的事物都不应让儿童接触。

凡是希望一个男孩成为明智的人，自己必须以明智的行动对待他而且在使他理解应当做什么之前，不要先使他胡涂或愚笨起来。

当儿童们共同游戏时，由于他们年龄相同，他们的发展、态度和习惯也大致相等，所以他们彼此磨砺更为有效，因为在创作发明的深度方面，此一儿童不见得超越另一儿童；在他们中间，既不存在此一儿童优越于另一儿童的臆说，也不存在压力、恐怖和惧怕。在他们中间只有爱、坦白和关于每件事物的自由问答。

（七）活动与表现

男孩子们总是爱好做事的，因为他们那旺盛的血液是不许他们静止的。既然这是极为有利的，那就应该不加限制。但是必须有所准备，好让他们有事可做。应当让他们像蚂蚁一样，不停地从事工作，输送、拖拉、建筑和倒转（移置），假定他们不论做什么工作，都必须勤奋地完成。

只要对他们没有什么伤害，不论孩子们喜欢玩耍什么东西，与其限制他们，不如满足他们，因为就精神和身体而言，不爱活动比爱好作业反而更有害处。

凡是任何吸引他们注意的事物，与其拒绝不如交给他们。凡是要做的事都必须做得适当并且应该看到对将来的好处。

（八）语言的用法

两件事情有力地把人和动物区别开来——推理和语言。人之需要前者，是为他自己，而后者则为别人。所以，对于二者，我们都须予以同等的注意，如此，则人的心智和语言就可以受到同等的训练并尽可能练习好。

（九）道德训练

幼年儿童在其生活中的头几年，能比以后更容易地锻炼每种好德行。这种方法是：①提供各种行为的永久范例；②适时地和聪明地教导和锻炼；③适当地进行规定的训练。

在儿童面前为他们提供一个永久的、优良的范例，是极为必要的，因为上帝已在他们的天性之中播下模仿的种子，也就是模仿别人的欲望。

适时的、聪慧的锻炼必须示范。只有当我们发现范例对他们还未收到充分的效果时，或当他们诚然愿意按照别人的榜样来持己处人，但仍然做得不适当时，用话来教导仍然是必要而适时的。

为使儿童注意好的榜样和训诫，有时是需要惩罚的。

节制和俭朴应列为首位，因为二者是健康和生活的基础，和其他一切品德的根本。

至于实际的服从，应特别注意幼年的训练，因为服从将在以后成为至善的基础，当儿童学习控制自己的意志、愿望和顺从别人的意志的时候。

（十）家庭教育的扩展

当幼苗从种子长大之后，就须把它移植到果园之内，以利于成长和结果。同样，儿童在母亲胸怀中长大，现在他们的身心既有了力量，就应做权宜之计，把他们交托给老师。如此，他们便可以顺利地成长。

如果发现一个孩子按照预定的方法，在家里完成了有关虔敬、优良品德、敬神、顺从、适当尊敬长者、聪慧、行动敏捷迅速以及语词拼音清晰等方面的初步教育,那么,在六岁之末进入学校受教育决不算太晚。

六岁以后的儿童,若非把他们立即送入学校受较高一级的教育,他们将会始终如一地变为有害无利的懒散,而最终将变得像一匹"野驴驹"。另外,还会有令人更可担心的事发生,就是从那不注意的懒散中沾染恶习,这会像一种毒草一样,以后是很难连根拔掉的。

有些儿童的自然能力早在六岁、五岁甚至四岁以前就表现出来;但是与其让它发挥远不如加以限制,而更坏的是刺激它。有的父母用异乎寻常的办法,希望在罕有的时机下,尽早地得到哲学博士的学位,但他们经常只能得到文学士学位,而通常又是一个愚人。……相反地,也有发展较慢的自然能力,就是在七八岁开始任何有益的事情,其可能性也是很少的。

儿童进入公共学校能力的标志,可有以下几点:

(1)这个儿童是否真正获得在母育学校所应学会的东西;

(2)在儿童方面是否发现他对问题有注意和辨别与判断的能力;

(3)一个儿童是否有进一步学习的要求或愿望。

(十一)进入公共学校的准备

做父母的,在认真考虑有关其子女入学应有什么适当的安排之前并扩大其眼界使其展望同一问题,就不应不加思虑地送他们进入学校受教育。

父母没有准备就将其子女送往学校是不智之举,这如同小牛奔往市场或羊群闯入牛群一样。

　　明智而虔敬的父母、家庭教师和监护人应该照下面所说的行事。首先，儿童接近入学的时候，他们应当以快乐的心情尽力鼓舞儿童，好像节日和收获葡萄季节快到时那样。

　　告诉儿童知道入学获得学问是何等美好的事情，将会收到良好的效果。

　　其次，父母们应当努力激发儿童对于未来教师的信心和爱戴，这可有各种不同的做法。

下篇　福禄培尔教育名著导读

导言　福禄培尔的生平与教育思想

　　弗里德里奇·福禄培尔（Friedrich Wilhelm August Froebel, 1782—1852）是19世纪上半叶德国著名的教育理论家、实践家，新教育的倡导者之一，近代学前教育理论的奠基人。福禄培尔也是著名教育家裴斯泰洛齐的学生，是其教育理论主张的忠实拥护者和追随者，并批判地继承和发展了裴斯泰洛齐的教育思想。福禄培尔热爱儿童，将儿童的成长看作是一个整体的发展过程，建立了儿童时期完整的教育理论体系。根据新教育思想创办了凯尔豪学校，并以凯尔豪学校教育工作经验为基础，集中阐述了关于儿童发展和教育的理论，写成了著名教育论著《人的教育》（Die Menschenerziehung）一书。福禄培尔一生中最主要的贡献表现在学前教育方面，是幼儿园的首倡者。他于1837年创立了一所新型的幼儿教育机构，于1840年正式命名为"幼儿园"。由于福禄培尔在幼儿教育过程当中，从儿童中心这一理论立场出发，做出了实施幼儿学习特征教育计划的最先尝试。因此，学术界一般将福禄培尔于1837年在德国创办的幼儿教育机构看作是幼儿教育的开端，福禄培尔也因此被称为"幼儿教育之父"。福禄培尔的重要著作有：《人的教育》、《幼儿园教育学》、《教育发展》、《母亲与游戏、儿歌》等。

一、福禄培尔的生平与教育活动

孤寂童年

福禄培尔于1782年出生在德国中部图林根地区施瓦茨堡–鲁道尔施塔特

封地上的奥伯魏斯巴赫村庄。他的父亲是一位路德派的牧师,福禄培尔自小受到深刻的宗教影响。但福禄培尔的童年是很不幸的,在他不到一周岁时母亲因病去世,忙于工作的父亲及感情淡薄的继母使福禄培尔没有得到其他孩子所拥有的爱抚和关怀,以致福禄培尔幼年时代的生活极其孤独和寂寞,身心受到很大影响。为从孤独寂寞的生活中寻求一点可能的人生乐趣,他常常在父亲的花园里观察和探究各种植物和自然现象,因而在他身上很早就产生了对自然的爱和对于认识自然规律性的追求。童年的遭遇使他对儿童产生了特殊的感情,并意识到母爱的可贵,意识到母亲和家庭对孩子的重要性,这对他以后教育思想的形成有重大的影响。

早期磨砺

福禄培尔到达学龄时,先在乡村学校读书,11岁寄居在舅父家,进入市立小学读书,14岁毕业。由于他的父亲在经济上无力让几个孩子都接受较好的学校教育,同时也不相信生性孤僻的福禄培尔具有较好的发展潜质,使得福禄培尔不得不中断继续学习的机会,15岁便在一个林务员身边当学徒,学习林业管理和土地测量等业务知识。福禄培尔生活在林区,大自然的陶冶使他从小对森林植物感兴趣,他又利用做学徒的业余时间钻研数学和植物学书籍,对植物学和数学产生了浓厚的兴趣。他于1799年考入耶拿大学哲学院,学习自然科学和数学,同时接受了唯心主义哲学、浪漫主义和进化论的影响,形成了复杂的世界观,两年后终因家庭经济困难被迫中途辍学。1802年,他的父亲去世。此后几年里,福禄培尔曾先后从事林务员、土地测量员、书记员、会计员等工作,过着颠沛流离的生活。1805年,他来到莱茵湖畔的法兰克福,准备深入研究建筑学,打算成为一名建筑师。

热衷教育

然而,一次偶然的机会改变了他想成为一名建筑师的主意,他意外地遇到了一位热心于教育改革的裴斯泰洛齐的学生——法兰克福模范学校校长格吕纳,他建议福禄培尔去他的学校当教师。福禄培尔欣然接受建议,随即担任该所学校的教师兼校长助理。自此,福禄培尔开始了他的教育生涯,在他身上潜藏着的教育天赋逐渐得到表现。在法兰克福模范学校工作的一年里,福禄培尔得到贵族霍尔茨豪森男爵夫人的帮助,第一次前往瑞士伊弗东,拜访了在那里从事教育活动的著名教育家裴斯泰洛齐,得到很多启发和鼓励,坚定了献身教育事业的信念。1806年,也就是从伊弗东回到法兰克福后的第二年,福禄培尔开始在霍尔茨豪森男爵家担任家庭教师,一直到1811年。在当时社会,家庭教师是比较卑贱的工作,然而对于福禄培尔来说,他希望在不久的将来,能够以照管者和导师的身份陪伴他的学生,以便于利用这样的机会在大学继续进修。尽管这一理想最终未能如愿,却使他有机会于1808年带着这一家的两名子弟去瑞士伊弗东裴斯泰洛齐的学校里做较长时间的逗留。福禄培尔在那里既学习,又任教,至1810年回国,历时近两年。

坚定信念

在裴斯泰洛齐的学校学习和任教期间,福禄培尔吸取裴斯泰洛齐的教育思想和经验,接受了裴斯泰洛齐关于母亲和家庭在儿童教育中具有重大作用的主张,以及数、形、词为初步学习基本要素的思想,并进一步发展了裴斯泰洛齐的教育思想,形成了通过适合儿童自然天性的教学,使学龄前儿童为初等学校里的学习做好准备的思想。根据福禄培尔的设想,这种最早期的教学应从幼儿特点出发,明确反映各门科学的要素。同时,他开始研究游戏对儿童身体发展和掌握知识的意义的问题,并试图按裴斯泰洛齐的模式去改革自己家乡的学校教育。福禄培尔在结束了家庭教师的工作以后,为了实现自己的教育理想,决定继续进修,于1811年进入哥廷根大学,1812年又转入柏林大学,修习了哲学、人类学、伦理学、语言学、历史、地理、矿物学、方法论等课程。广博宽厚的知识体系，为他的教育研究奠定了坚实的理论基础。1813年，德法战争爆发，福禄培尔投笔从戎，在卢真志愿步枪队服役，直至1814年退伍。在此期间，他结识了志同道合的亲密朋友——米登多夫和朗格塔尔。他们共同提出了关于资产阶级民主主义民族教育的最初设想，确定了为民族教育献身的明确目标。

创办学校

1816年，福禄培尔在施塔提尔姆的格利斯海姆创办了一所学校，称"德国普通教养院"，他的3个侄子和另外3个男孩是他的第一批学生。次年，学校迁往鲁道尔施塔特的凯尔豪。福禄培尔的老战友米登多夫和朗格塔尔也在这所学校从事教育教学工作。1818年，福禄培尔结婚，妻子霍夫迈斯特是一位充分理解福禄培尔教育理想的女性。福禄培尔在凯尔豪学校，力图实施裴斯泰洛齐关于儿童天性自然发展的教育原则，重视儿童自我活动和自由发展，教育目的是使学生的各种能力得到协调均衡的发展，采用学生自主的学习方法，大部分教学活动采用游戏的方式，主要的教学原理即儿童的自我表现、自由发展并与社会生活相结合，反对呆读死记。凯尔豪学校在福禄培尔的主持和几位爱国同事的亲密合作下，成了培植爱国思想的场所，并迅速发展壮大起来，短短几年里，学生人数达到50名以上。在此期间，福禄培尔完成了很多有关教育方面的重要文章，创办了《教育家庭》周刊，以宣传他关于家庭教育的思想。但进入19世纪20年代以后，德国反动势力猖獗，进步爱国的教育活动被迫陷于停顿，由于福禄培尔的教育理论和教育实践与封建等级教育相对立，所以他的教育工作也不断遭受反动派的压制，凯尔豪学校的教育活动受到限制，学校濒于崩溃。但是，不管形势对福禄培尔的教育工作如何不利，他始终表明自己是一个彻底的民族教育家，并以凯尔豪学校工作为基础，写成了他一生中的主要著作《人的教育》一书，于1826年正式出版，这本书系统地阐述了他关于教育与教学的主张。

流亡瑞士

1829年，福禄培尔受到德国政府当局的迫害，凯尔豪学校被迫关闭。1831年，福禄培尔流亡瑞士，他希冀能够利用这个便于从事教育活动的国外有利环境，实现自己的教育理想。在瑞士流亡期间，福禄培尔相继开办了几所学校，继续他的教育实验。于1834—1835年在布格多夫，接替裴斯泰洛齐担任一所孤儿院的院长职务，在此期间，积累了大量的幼儿教育实践经验，使他有可能研究和解决幼儿教育的各种问题，这对于他最终将研究重点转向幼儿教育，将自己的毕生精力贡献于幼儿教育铺就了重要的基石。与此同时，他还受托在那里开设教师进修课程，组织国民学校教师进修，使得他的教育思想得以进一步传播。

专注幼教

1836年，福禄培尔返回他的故乡图林根，开始设计一套合乎教学论要求的游戏材料，以帮助和指导母亲们改进她们的学前教育工作。1837年，福禄培尔开始专门研究幼儿教育问题，在凯尔豪附近风景优美的勃兰根堡创办了一所"发展幼儿活动本能和自发活动的机构"，学校建立在山林中，山清水秀，风景如画。福禄培尔目睹草木花鸟的生趣，在这里，他把儿童比作花草树木，把幼儿教师比作园丁，把学校比作花园，把幼儿的发展比作培植花草树木的过程，在他看来，幼儿园就是"儿童的花园"，也是幼年儿童幸福的标志。学校招收3—7岁的幼儿，福禄培尔运用自己在数学和建筑学方面的专长，为儿童设计了6套玩具，称为"恩物"。1839年，他又在德累斯登建立了一所类似的儿童游戏机构，并于同年开办了第一个儿童指导员训练班，配合训练班建立了一所儿童的"游戏和活动机构"，以指导训练班的学员应用他的"恩物"去组织幼儿游戏，从而训练了第一批"游戏指导员"。1840年，福禄塔尔把设在勃兰根堡的"机构"命名为"德国幼儿园"，标志着世界上第一所幼儿园的诞生。随着幼儿园的诞生，主要由女性担任的"游戏指导员"亦改称为"幼儿园教师"。福禄培尔的幼儿园活动受到了社会的重视,幼儿园在各地相继建立。福禄培尔的其他教育著作在这一时期相继出版,如《慈母曲及唱歌游戏集》《幼儿园教育学》等。

悲愤辞世

福禄培尔建立的幼儿园于1844年被迁往巴特利本施泰因的马林塔尔城堡,他在那里度过了生命的最后时刻。1848年资产阶级革命失败后,普鲁士政府残酷镇压德国人民的一切进步活动。1850年,德国进步教师最强有力的组织"德国教师协会"被取缔。1851年,普鲁士又以幼儿园在宗教和政治领域有破坏倾向为由,发出了对幼儿园的禁令,并禁止福禄培尔在普鲁士从事教育活动。普鲁士政府的这一反动措施,使福禄培尔的事业遭受极大的打击。这位已达70高龄的教育家再也承受不了如此沉重的打击。1852年6月2日,福禄培尔在悲愤中离开人世。福禄培尔逝世后,直到1860年,普鲁士政府才取消了对幼儿园的禁令。1861年,福禄培尔有关幼儿教育的著作,由他的生前好友编辑出版,名为《幼儿园教育学》。福禄培尔在世时,他的事业没有得到应有的承认,但他的幼儿教育理论和实践以及献身教育事业的崇高精神对后世的影响是巨大的。他的主要教育著作已被译成多种文字,作为一份宝贵的遗产供世界各国的教育工作者研究、学习,从中汲取营养。

二、福禄培尔的教育思想

(一)论教育的原则

福禄培尔的哲学思想是唯心主义的先验论,认为宇宙精神(也就是神)是万物存在的根源,神主宰着一切。福禄培尔对自然、对社会、对教育的看法都是唯心的,充满唯心主义色彩。根据这种唯心主义观点,他确立了3个教育法则。

1.活动的法则。福禄培尔始终把教育学说建筑于唯心主义哲学基础之上,认为自然界和人是统一的，即统一于神。在他看来，人本身也是一个小统一体，充满了神的分子，这些分子在人的生命旅途中是要表现出来的，教育的目的就是唤起和发展埋藏在人体里面的神的来源。值得肯定的是，他认为人的发展过程是实现生命统一的过程，即实现人的内部世界与外部世界的统一，又即人的内在精神与外在自然的统一。生命统一的过程是通过活动实现的，人只有通过活动，才能使精神和自然统一。在活动过程中，人能够表现出自己的内部世界，能产生对客观世界的正确认识。

2.发展的法则。福禄培尔认为人是自然的一部分，与大自然一样，是不断趋于完善，不断发展着的。发展的法则是存在的基本规律。与卢梭、裴斯泰洛齐一样，他认为人的本性是善良的，教育必须遵循儿童的"内在"生长法则，使之获得自然的、自由的发展。"因此，教育、教学和训练在根本原则上必须是被动的、顺应的，而不是命令的、绝对的、干涉的"，必须"适应他的情境、他的性向和能力等"，否则"足以起覆灭、阻挠和破坏的作用"。可见，他认为整个教育制度，应该建立在儿童不断成长、发展的基础上。教育的目的在于帮助儿童达成他自己的发展。教育工作者应该创造条件，使儿童能在这种条件下把自己内部所蕴藏着的神的本源很好地表现出来，发展起来。福禄培尔认为教育的使命在于发展儿童的力量与能力的观点是正确的，但问题在于他所了解的发展是唯心的、神秘主义的。他认为发展是宇宙精神的发展，是神的本源的自我揭露。所以，他的发展儿童的力量与能力观点的内容是正确的，但其理论根据却是错误的。

3.教育适应自然的法则。福禄培尔从小就对大自然有浓厚的兴趣。在哲学思想上，他把自然看成是上帝的表现。认为应该遵循对自然万物普遍有效的法则，教育要适应儿童的天性，甚至是儿童的个性。同时，他接触了卢梭、裴斯泰洛齐等教育家的教育思想后，吸收并发展了他们的教育遵循自然的思想，把教育顺应自然作为最主要的教育原则。

（1）顺应与干预。他的教育顺应自然思想是建立在性善论的基础上的。他从永恒与暂时、无限与有限、神性与人性统一的角度批判性无善恶论与性恶论。他认为，一方面，上帝愿意在有限中表现自己；另一方面，人只能通过有限的和暂时的东西实现自己的目的。显然，在尘世生活中，人性与神性有相互统一的一面。因此，把人的本质看成既不善，也不恶，或者把人本身和人的本质看成是恶的、坏的的观点是错误的。他旗帜鲜明地指出："人的本质本身肯定是善的，并且人本身有良好的品质和追求。"

他用自然类比法说明教育必须遵循自然。他指出，在对待自然物方面，我们的做法常常是正确的。人们知道给幼小的植物和动物提供合适的环境，避免用暴力干扰它们，以便它们能够按照其内部规律完美地发育和健康地成长。但是，在对待人的问题上，人们却会走上完全错误的道路。尽管人与自然界的生物都遵循同样的自然法则，但是，人们在教育自己的孩子时却采取了相反的态度。他们把年幼的人当成一块蜡和一团泥，觉得可以任意把它捏成一样什么东西。为此，他呼吁，教育者要遵循儿童的自然本性。他说："为进一步接受大自然的教训，葡萄藤应当被修剪。但修剪本身不会给葡萄藤带来葡萄，相反地，不管出自多么良好的意图，如果园丁在工作中不是十分耐心地、小心地顺应植物本性的话，葡萄藤可能由于修剪而被彻底毁灭，至少它的肥力和结果能力被破坏。"

因此，福禄培尔把教育顺应自然作为开展儿童教育的基点和中心。他说："教育、教学和训练，其最初的基本标志必然是容忍的、顺应的（仅仅是保护性的、防御性的），而不是指示性的、绝对的、干预性的。……注重顺应的真理和该真理在教育中的运用，不管可能有人说些什么反对的话，不管该真理可能遭到如何猛烈的攻击，它终将在年轻一代中证明自己的明确性和真理性，得到年轻一代的信赖和运用。"

因此，教学开始于儿童的自发活动和本能兴趣，终止于儿童通过教学对知识的创造性运用。教师应当把那些被认为是教育目标的活动和思维方式移植到儿童的这种自然性向之上。教育并不意味着要设法消除儿童的自然性向，也不意味着任其发展，教育在于使儿童的自然性向得到自由发展，并通过直接有效的手段帮助儿童达到所期望的目标。他说，儿童有4种本能：即活动的本能、认识的本能、艺术的本能、宗教的本能。教育要追随活动的本能，就是要唤起发展儿童的积极性、创造性和自动性。这对我们的教育是有价值的。

（2）儿童身心发展的连续性和阶段性。福禄培尔批判静止地看待儿童的观点，他认为，儿童的身体和心理发展是一个连续不断的过程。这种发展是彼此相互过渡，不间断前进的。他说："人和人身上的人性应当被看作外表的现象，不能看作一种已经充分发展的、完全形成的，一种已固定、静止的东西，而应当看作一种经久不断地成长着、发展着的，永远是活生生的东西，永远朝着以无限性和永恒性为基础的目标，从发展和训练的一个阶段向另一个阶段前进的东西。"

以前，许多教育家在提倡教育适应自然时，把人的发展过程划分为明显的界限，并把它们截然分割开来。后来发展阶段的人谈论前一个发展阶段的人就像谈论某种完全陌生的东西一样。福禄培尔指出，每一个后继的阶段以一切和个别先行的阶段为发展的基础。在教育过程中，教育者完全忽视被教育者的持续不断的进步以及各个阶段之间的联系必将给教育者带来几乎不可克服的困难，并会给人类的发展和进步带来无法形容的不幸、阻碍和干扰。为此，他反对跳跃性的发展，反对脱离儿童的发展阶段给儿童规定训练目标。他说："幼儿、少年，总之，人除了在某一发展阶段上完全地实现各该阶段提出的要求，不应当有另外的奋斗目标。于是，每一个后继的阶段，会像新的幼芽一样，从一个健全的芽苞里萌发出来，而他也将在每一个后继的阶段上，在同样的努力下，直到该阶段完满结束，实现该阶段提出的要求，因为只有每一个先行的发展阶段上的人的充分发展，才能推动和引起每一个后继阶段上的充分和完满的发展。"

然而，肯定儿童发展的连续性并不意味着否定其阶段性。他说，如果注意到通常的言谈和实际生活，就会觉得幼儿和少年表现得多么地截然不同。他把受教育者划分为婴儿、幼儿、少年、青年等时期。在《人的教育》一书中，他特别论述了幼儿和少年期的教育问题。

福禄培尔认为，不能仅仅根据年龄来划分教育阶段，在划分教育阶段时，还要考虑其智力、情感和身体等因素。也就是说，应该根据学生身体和心理发展的实际水平划分教育时期。从这个角度而言，一个人未必由于到达少年期即成为少年，到达青年期而成为青年。受教育者只有在智力、情感和身体等方面符合幼年、少年、青年时期的要求时，才算到达相应的时期。

（二）论分期教育

根据儿童身心发展特点，福禄培尔把受教育者划分为婴儿、幼儿、少年、青年4个时期。他特别论述了前3个时期儿童身心发展的特点及教育任务。

1.婴儿期

福禄培尔认为，婴儿期的心理特点是"吸收"，即"自发的内化"。在这一时期，婴儿借助感官认识外部事物，实现变外部为内部的过程。

人是靠感觉器官认识外界事物的，因此，这一时期的首要任务是发展婴儿的感官。他认为，婴儿先有听觉，后有视觉。然后，通过这两种感觉观察和认识事物。因此，在感官发展上，应该首先发展听觉器官，后发展视觉器官。为了锻炼婴儿的感官，他主张在婴儿的视线内挂一只晃动着的、关着一只活跃的小鸟的鸟笼。随着感觉的发展，婴儿同时发展身体和四肢的能力。因此，婴儿不能过久地独自待在床上和摇篮里,卧床、枕头不应当过于柔软。

2.幼儿期

在发展了的感官、身体和四肢活动到了儿童开始自动地向外表现内在本质的程度时,标志着婴儿期已经结束,人进入了幼儿期。他指出,"kind"一词本身就意味着"通过自己的力量自发表现内在本质"。福禄培尔认为,到了幼儿期,真正的人的教育开始了。这时,教育的主要任务从身体的保育转向智力的培育和保护。虽然,人的不同发展阶段的重要性无法确定。但是,在这一阶段,由于同周围的人和外界事物的最初联系和结合得到发展,是理解和掌握人和事物内在本质的最初出发点。因此,幼儿期的教育对正在发展中的人来说是至关重要的。他引用别人的话说:从一个婴儿到一个开始说话的儿童所取得的进步要大于从一个学童到一个牛顿所取得的进步。

福禄培尔批评了当时忽视幼儿教育的现象。他说:"由于我们自作聪明而忽视了整个人类发展的这一自然的和神圣的起点,我们由于看不到人类发展的起点和终点,以致也看不到人类发展的正确方向,因而感到手足无措。"而那些所谓有教养的家长很少知道,儿童有朝一日将要在自己身上表现出来的一切素质已经在他的身上存在,并且,这些素质只能从儿童内部加以发展。他指出,脱离这一阶段的教育无疑于企图建立空中楼阁。

3.少年期

他认为,少年期主要是使外部的东西成为内部的东西的时期。这一时期主要是让儿童懂得事物的特殊关系,以便他们以后能够了解其内在统一性。能引导儿童认识和把握事物及其本质的最佳场所是学校,因此,随着少年期的开始,学校生活也开始了。

教育应该根据不同年龄阶段开展。在《教育发展》一书中,福禄培尔提出:"教育、教学、训练和学校通常应从人类的生活之中寻求借以决定他们的要求和管理的依据。若这些依据来自于对儿童来说是较远的未来的某个阶段，那么就无法吸引儿童、唤起儿童、发展儿童。儿童应当做些什么、学些什么必须依据"使儿童的行为与他的性向、内在愿望相一致"的原则。所有的教学科目都要体现这一原则。他指出，我们在读、写、算、语言等学科的教学还很薄弱，因为这些学科的教学都是从抽象的概念开始的，它不符合儿童的心理特点。因此，这种教学在生活中很少产生持久的效果。

（三）论学前教育理论

1.学前教育的地位和作用

福禄培尔把学前教育放在极其重要的地位。他认为，幼儿期是人的发展中一个非常重要的阶段，"人的整个未来生活，直到他将要重新离开人间的时刻，其根源全在于这一生命阶段，不管这未来的生活是纯洁的还是污浊的，是温和的还是粗暴的，是平静的还是充满风浪的，是勤劳的还是怠惰的，是功绩卓著的还是无所作为的，是迟钝而优柔寡断的还是敏锐而富有创造的，是麻木不仁的、畏首畏尾的还是富有远见的，是建设性的还是破坏性的，是和睦待人的还是生性好斗的，是惹是生非的还是给人以安宁的。他将来对父亲和母亲、家庭和兄弟姊妹的关系，对社会和人类、自然和上帝的关系，按照儿童固有的和天然禀赋，主要取决于他在这一年龄阶段的生活方式"。他还认为，如果我们看不到人类发展的这一神圣和自然的起点，我们将看不到人类发展的方向，以致只能建造空中楼阁。正是因为他把幼儿期看作人的发展的一个极其重要的阶段，所以他把学前教育直观地列入整个人的教育的过程，看作是人的真正教育的开始。他的这一主张是他教育理论中重要的和合理的因素。但是，福禄培尔在强调学前教育的重要意义的同时，过高估计了教育在当时社会条件下改造人类、改造社会的作用，这是不切实际的。

福禄培尔特别重视家庭教育在学前儿童教育中的作用。他认为，儿童与家庭成员一起,构成一个就本质上说是完整的,不可分割的统一体。因此,他相信幼儿教育的改革必须从家庭教育开始,主张为缺乏教育知识的父母提供内容和方法上的指导。他创办幼儿园的主要目的也就在于此。

2.幼儿园的意义和任务

福禄培尔详细地研究了西欧各国和美国广泛流行的学前教育的理论和体系。他和裴斯泰洛齐一样重视家庭教育,但是他看到当时的德国由于资本主义经济的发展,许多妇女要进工厂劳动,于是小资产阶级家庭的母亲没有充分的时间来教育自己的子女,而且也没有受过足够的教育专业的训练,不可能把儿童教育好。因此,他认为建立幼儿园很重要。他继承了欧文等人办学前教育的思想,训练了大批幼儿园教师,创办了幼儿园,为学前教育和幼儿园在思想理论上做了大量的工作。

他认为幼儿园的任务是发展儿童的体格,锻炼儿童的外部感觉器官,使儿童认识人和自然,并在游戏、娱乐和天真活泼的活动中,去做升入小学的准备。这些思想都是很有意义的。但是,他认为,幼儿园还要进行宗教教育和道德教育,培养服从、驯服、忍耐、节制等品格,这确是当时德国反动的封建统治所需要的。因此,福禄培尔有关宗教教育、道德教育的观点是落后的不可取的。

3.游戏在儿童教育中的地位

游戏是儿童活动的特点。为了发展儿童的积极性、创造性和主动性,福禄培尔认为必须应用各种游戏、作业和练习。

福禄培尔详细地论述了儿童游戏的整个体系,并且阐明了游戏在教育上的巨大意义。他认为,游戏和语言是儿童生活的组成部分,通过各种游戏,儿童的内心活动和内在生活变为独立的、自主的外部自我表现,从而获得愉快、自由和满足,并保持内在与外在的协调;游戏是儿童认识世界的工具,是快乐的源泉,是培养儿童道德品质的手段,在游戏过程中最能表现(或发展)儿童的积极性和主动性。这些观点都是正确的。同时他的观点中又有一些不科学的因素，首先他的游戏理论是以宗教和唯心主义为基础的，他认为，游戏是一种本能性的活动，是儿童内心世界的反映，通过游戏活动就可以表现和发展心理的本源，这种观点只注重游戏的生物学因素，把儿童仅仅看作是生物的有机体，把儿童的活动与动物的本能活动等同起来，抹杀了儿童游戏的社会实质。关于游戏是儿童内心世界的反映，这是唯心的观点。因为游戏是在一定社会条件下儿童对现实生活的特殊反映，它的内容具有社会性和历史性。

在福禄培尔的游戏体系中，他论述了教学游戏体系和体育游戏体系，其目的是为了发展儿童的认识能力、创造力、想象力、体力和道德品质。这些都是他对幼儿园教育所做出的贡献。同时他又为各种游戏规定了严格的次序，儿童在游戏中多半是机械模仿教养员的动作，很大程度上使游戏变成了令人厌倦的单调的练习，这些又阻碍了儿童各种能力的发展。

4."恩物"和作业体系

为了使儿童得到知识和发展各种能力，福禄培尔晚年的大部分时间致力于设计一系列的儿童玩具和幼儿园教具及教学法，他为幼儿园设计了"恩物"和作业体系。"恩物"，按他的意思是神恩赐给儿童的东西。实际上是一种适合儿童特点的恩赐物，是幼儿园里做游戏和进行作业时用的玩具和材料。"恩物"可以统称为游戏活动材料，主要有6种。他的后继者又继续编制，发展为10种，另有10种作业。两者又统称为"恩物"，合计20种，主要的6种"恩物"是：第一种"恩物"是6个不同色彩（红、绿、蓝、黄、紫、橙）的绒线球。每个球各系一线，线色与球色一致。当儿童在尚未说话之前或稍后，母亲指引着儿童观察、抓弄这些柔软的小圆球，让他初步熟悉它们的形状、颜色和动静状态，发展儿童的辨色能力。随着儿童知觉和思维语言的发展，母亲一边把球向各方甩动，一边说前后、上下、左右，以发展儿童的空间观念。还可把球放于掌心，表示"有"，然后提起来,空出掌心,表示"无",借以发展儿童肯定和否定的观念。福禄培尔从观察和实验中运用6个小球设想出50种玩法,系统地训练了儿童的各种能力。第二种"恩物"是木制的球体、立方体和圆柱体,其高度和直径都是5厘米,后两者有穿孔,并附有木棒为细绳。球代表动,立方体代表静,圆柱体则动静兼备。通过这种"恩物",可以使儿童认识物体的各种形状、性质和彼此的关系,并且可以用它们拼成小桌子、小凳子、炉灶及其他物体。通过种种玩法和组合方法,来发展儿童的创造力想象力。第一、第二种"恩物"供3岁以前儿童游戏之用,以下各种"恩物"供3—7岁儿童使用。第三种"恩物"是木制立方体(积木)。可以分为8个小立方体,合起来成为一个大的正立方体。这种"恩物"可以使儿童认识物体的各种形状、性质以及理解部分与整体的关系及其概念。通过各种形状的堆砌,还能锻炼儿童的创造性的组合能力以及造型、建筑艺术象征性联想的能力等等。第四种"恩物"是可分为8个小长方体的木制立方体。8块长方木块各长5厘米,宽2.5厘米,厚1.25厘米,合起来成为5厘米的正立方体。儿童在游戏中可通过长方体的比较获得长、宽、厚的概念等等。第五种"恩物"是可以分为27个等值的小立方体的木制立方体。其中有3个小立方体又分别对分,形成6个四面体;有3个小立方体分别4等分,形成12个四面体。第六种"恩物"是可以分为27个小长方体的木制立方体。其中一些还可分木板、斜角等更小的部分。

通过第五、第六种积木游戏,给儿童提供各种形状的几何图形,为儿童未来学习几何和数学打下基础。"作业"是"恩物"的发展,是儿童设计的各种制作活动。"恩物"是由特定的材料组成的,其本身形状不变;各种作业则以游戏的方式进行,教师及时加以指导和帮助,培养儿童集中注意力和认真做事的习惯,用某些材料如针、剪刀、糨糊、石笔、黏土以及各种色彩的纸片、纸条、竹签、豌豆等制作某种物体。他主张在幼儿园里进行剪纸、贴纸、折纸、画画、黏土细工等作业。这些可以扩大儿童的眼界,发展儿童的认识能力,培养儿童的艺术兴趣。

此外,福禄培尔还教儿童从事简单的手工劳动,种植和自我服务的劳动,除了集体种植的小苗床外,还可以让儿童自由种植个人的小苗床。

福禄培尔为幼儿园制造教学材料、玩具,设计一整套作业体系的思想和方法,这在整个幼儿教育史上是首创,具有重大的历史意义。虽然他利用"恩物"等玩具和材料进行教学和作业的方法过于枯燥和形式主义,但如果我们能结合儿童实际灵活运用这套"恩物"和作业体系,确实可以发展儿童的各种能力。因此,福禄培尔的"恩物"和作业体系在西方各国的幼儿园中被广泛采用,影响很大。

(四)论学校教育理论

福禄培尔认为,儿童在7岁左右时,仍然十分喜爱游戏,但是求知的愿望更为强烈,这时就应该进入学校,接受学校教育,儿童发展中的一个新的时期——学生期便开始了。学校教育的任务是使儿童本性的各个方面继续得到发展完善。按照福禄培尔的见解,学龄前儿童的教育,主要是通过发展儿童的外部感官,使他们认识事物的外部特征。学校教育则应该使儿童的认识由事物的外部特征转到其内部本质,要求儿童注意作为外部世界的自然和作为内部世界的精神两方面。两者之间的媒介是语言。从这样的认识出发,福禄培尔为初等学校规定确立了4个方面的教育内容:"①宗教,②认识自然的自然常识,③促进思维发展的数学,④作为人与周围环境间的媒介物的语言。"他重视学校教学中培养儿童的自动性,强调练习在课业中的作用。在教学法上,他受裴斯泰洛齐的影响甚大,也强调初等教育的要素——词、数、形。在语言教学上,他重视语言的真实性,他强调语言节奏——诗歌的教学。

福禄培尔在卡伊尔霍学校的教学计划里把自然科学放在比较重要的地

位，相应地把古典语言降到最低限度，而注重国语教学。当学生在国语上尚未打好坚实的基础之前，不进行外语教学。在自然科学教学方面，他注意到当时资本主义经济发展的需要，开设了自然史、物理、化学、工艺学等学科。福禄培尔认为，在初等教育阶段应注重体育的教学，把体育课放在与其他学科并列的地位。同时认为初等教育阶段艺术学科的教学目的是使儿童学会认识艺术和欣赏艺术，而不是培养艺术家。

　　由于福禄培尔十分强调劳动的教育作用，并把手工劳动看作是学校实施智育和德育的重要手段。因此，手工劳动在整个学校教育中处在十分重要的位置，把整个学校教育建立在劳动原则上。福禄培尔也十分重视游戏在学校里的教育作用。其活动形式，从与体操结合的简单的集体游戏，到在大自然中进行的大规模游戏，丰富多彩。福禄培尔在卡伊尔霍学校十分注意学生的思想道德教育，甚至连教师的妻子，也对学校施以良好的教育影响，以致整个学校充满着平等合作的团结友爱的气氛，人人关心学校的事业，犹如一个组织良好的大家庭。

福禄培尔的名著之一：《人的教育》

一、成书背景

《人的教育》(The Education of Man)一书，一般被认为是福禄培尔生前所撰写的一本最主要的著作。它是以凯尔豪学校教育实践经验为基础写成的，集中阐述了关于儿童的发展和教育的理论，其副标题是"凯尔豪教育机构的教育、教学和训练艺术"，出版于1826年。

1816年，福禄培尔创办了一所名为"德国普通教养院"的学校。1817年，该学校迁往鲁道尔施塔特的凯尔豪。他在这所学校里力图实施裴斯泰洛齐关于儿童天性自然发展的教育原则，因而其教育活动十分重视儿童自我活动和自由发展，其目的是教育"自由的、自觉行动的、有思想的人"。凯尔豪学校对福禄培尔教育思想的形成和发展起到了十分重要的作用。但由于福禄培尔的教育理论和教育实践是与当时的封建等级教育相对立的，且凯尔豪学校也因同由德国大学生组成的爱国青年有联系而受到牵连，所以他的学校及教育工作时常遭受到反动派的压制。然而，不管形势如何，福禄培尔始终表明自己是一个坚定的民族主义者，且正是在形势对他的工作十分不利的情况下，以凯尔豪学校的工作为基础，写成了他一生中的主要著作《人的教育》一书，并于1826年正式出版发行。他主张教育要适应儿童天性，反对当时在德国盛行的强制性教育，反对压制儿童的发展，提倡重视儿童的积极活动，提倡发展儿童的创造性和个性，强调早期教育对人一生发展的重要意义和家庭教育的作用，主张人的一切发展阶段上教育的连续性。此外,他还注重儿童游戏和手工制作活动,重视劳动的教育作用。这些思想对19世纪后期欧美各国的初等教育有一定影响。他在书中提出的对儿童发展的看法和儿童自我活动等教育原则,对20世纪前后的新教育思潮也产生了直接影响。

从这本书中,我们可以看到福禄培尔在他的早期教育生涯中形成的观点,同时也可以看到他后来在幼儿教育方面所发展的萌芽观点,尽管他当时还没有形成幼儿园教育理论。从这个意义上讲,《人的教育》并不是福禄培尔教育理论的最后阐述。《人的教育》一书并没有完成,而只是写到少年初期为止。一部分原因是福禄培尔所讨论的问题庞大,另一部分是因为福禄培尔不能把全部注意力集中于这个问题上。福禄培尔曾打算继续撰写《人的教育》的续篇。在《人的教育》一书的最后,在论述如何去实现人的使命和天职时他写道:"是应由从少年期开始的相应发展和教育阶段上的人的未来生活去解决的事情。指导出达到这一目的的途径和手段,并在生活和现实中加以实施,乃是本书续入世要解决的事情,也是本书著者生涯中要解决的事情。"然则,福禄培尔的这一计划最后并没有实现。

二、篇章结构

《人的教育》一书,以凯尔豪学校的教育实践经验为基础,集中阐述了关于儿童发展阶段及教育的理论,是福禄培尔在其早期教育生涯中所形成的教育观点。全书共分为5章。

第一章"总论",福禄培尔从自身信奉的哲学观出发,提出了他的教育观,主要包括3个方面:(1)在一切事物中存在着一条永恒的法则,它以一个万能的、富于生命的、永恒的统一体即上帝为基础。教育的作用就在于要顺应人的本性,去激发和推动它有意识地和自觉地、完美无缺地表现上帝的精神并加以发展。(2)提出教育要顺应自然的原则,主张从儿童诞生起,就不能违反其天性而把成人的形式和使命强加于儿童。(3)提出人是不断发展的观点,即人是一个连续不断前进的、始终一贯地从一个阶段向另一个阶段发展的整体。

第二章"幼儿期的人",福禄培尔主要论述了两个方面的内容:(1)婴儿期的发展与抚育。这一时期在儿童的发展过程中具有重要的意义,它既是一个"吸吮"时期,又是一个"抚育"时期。对婴儿来说,尤为关键的是其身体感官以及四肢的运用。(2)幼儿期的发展与教育。与婴儿期相比,这一时期表明真正的人的教育开始了。对于幼儿来说,游戏和语言是他的生活要素。

第三章"少年期的人",福禄培尔主要论述了少年期的发展与教育、家庭生活对儿童的影响两个问题。他认为少年期是使外在的东西内化为自身拥有东西的渴望,这种渴望可能通过游戏得到满足,然而,能充分满足这种渴望的乃是他们的家庭生活,对少年期的儿童来说家庭生活是其生活的楷模,会对他的生活产生强烈的影响,父母应当让儿童学会分担家庭中的事务,不应拒绝孩子帮助做事的自发要求,而应加以支持和肯定,让其自然良性的发展,另外,他认为儿童的情感在这一时期也得到了相应的发展。

第四章"学生期的人",福禄培尔从学校的性质和目的、教学内容、学校与家庭之间的关系及由此决定的教学内容等3个方面进行了详细的分析与论述。他认为,学校作为一种教育机构,其目的是使学生获得关于一切事物的见解,获得关于事物内在本质和事物内部的倾向及他们之间相互关系的认识。学校教学的内容应当包括心灵、外部世界以及作为媒介物的语言,因为这些是学生期的儿童生活的核心。此外,他强调学校与家庭在儿童成长中的作用及彼此协作的意义。认为统一的学校和家庭生活就是积极的教育生活,学校必须与家庭保持一致。

第五章"整体的概观与结论"。福禄培尔指出,由于我们过多地错误压制儿童身上的多方面的精神倾向,因此,极为有害地干预了儿童的本性,尤其要认识到,在儿童的发展和教育中被耽误和被忽视的东西往往是无法挽回的,为此他强调,"我们要把注意力放在人身上的,亦即我们的孩子们身上的灵性的普遍形成上,放在真正人性,即作为个别现象和作为这样一种人性的神性的形成发展上"。[1]

三、内容精要

在《人的教育》一书中,福禄培尔主要论述了教育的基本理论、学校究竟应该教些什么,如何根据儿童发展的内在要求制定教育法则,如何注意儿童的全面发展以及学校与家庭教育如何有机相结合等问题。

(一)教育的基本理论

首先需要指出的是,福禄培尔关于教育的基本理论是建立在德国唯心主义哲学基础之上的。他深受德国哲学家谢林哲学思想的影响,谢林认为"宇宙精神",也就是神,是自然界和精神生活的基础。宇宙间的万事万物都是神的创造意志的体现,它们在发展中服从于同一法则。在《人的教育》一书中,福禄培尔运用并发挥了这种思想。他说:"在一切事物中存在着和统治着一个永恒的法则。……这个法则过去和现在都表现在外部,在自然中,在内部,在精神中,也表现结合自然和精神的生活中,是同等的明晰和确定的。"按照福禄培尔的解释,这个全能的法则的基础是永久存在的"统一"。实际上,这个"统一"就是上帝,就是"神"。在福禄培尔看来,一切事物之中,都存在着"神"的统一。基于这种认识,他认为:"教育就是引导人增长自觉,达到纯洁无瑕,能有意识

---

[1]　福禄培尔著,孙祖复译.人的教育[M]北京:人民教育出版社,2001.326.

地和自由地表现神的统一的内在法则,并采用适当的教育方法和工具,使其成为一个有思想,有智慧的人。"教育理论就是从认识和研究那永恒的法则,指导有思想、有智慧的人们领悟他们的生活工作和完成他们的使命的指导体系。教育实践就是自己主动地应用这种知识,来指导发展和培养有理性的人们,以达成他们的命运。而教育的目的就是实现忠诚的、纯洁的、宁静的,也便是神圣的人生。启迪智慧是人类的最高目的,是实现人类自觉的最高造诣。教育应该引导和指导人明确自己和关于自己的一切,与自然协调并与上帝统一;因而教育就该提高人对于自己和人类的认识,对于上帝和自然的认识以及对于纯洁和神圣的生命的认识。因此,福禄培尔的教育理论存在诸多唯心主义、神秘主义的因素是不可避免的。

但值得肯定的是,在福禄培尔的教育理论之中,除却那些唯心的、不正确的、神秘主义的个别因素以外,我们应该格外重视福禄培尔把黑格尔的辩证法思想"导入"教育的基本理论,从这个意义上说,福禄培尔的教育理论更体现了德国古典哲学的进步特征。他在论述教师的职责时就导入了辩证法的因素。他这样写道:"教育者(教师)应使个别的一般化及一般的个别化,并在生活中对两者都予以阐明。他应使外部变为内部,使内部变为外部,并指出二者是必然统一的。他又应根据无限考虑有限,根据有限考虑无限,并使二者在生活中得到和谐。"不置可否,在19世纪30年代,能够以这种观点来观察与研究教育问题,无疑是具有创新意义并难能可贵的,这在教育理论界来说,是一个飞跃的进展,福禄培尔功不可没。

在福禄培尔所阐述的教育基本理论中,还有一个方面反映了德国古典哲学的进步特征,那就是发展的思想。他认为,"人的发展应该看作是从一点出发继续不断地前进",所以,"把人的各时期继续不断的发展划为截然不同的界限,并在其过程中分出若干固定的部分,不注意经常持续的发展、活生生的联系、内部生长发展的实质，那是非常有害的，并具破坏影响的。"鉴于此，福禄培尔要求在发展中来看待儿童、对待儿童，要"在儿童身上看到整个的人"，人的整个未来的前景都在儿童时已经有了萌芽，而人的未来，则是这种萌芽的发展。这种发展是具有"继承性"的。因此，他要求教师和家长要从过去、现在和未来，这一人类发展的生存关系中来认识儿童、教育儿童。

在福禄培尔所论述的教育基本理论中，还有一点是我们应当注意的，就是：他主张教育要适应人的本性。他指出，"按照神圣影响的法则及人性本是完善的观点来看，一切专断的、命令的、绝对的和干涉的教育、教学和训练，都是足以起毁灭、阻挠和破坏的作用。"他曾经以园丁修剪葡萄藤为例说，"修剪葡萄，纵然出于好心好意，如果园丁不能很好地使工作适应植物的本性，也可能完全破坏葡萄酿酒或至少损害它的发展和降低产量。"据此，他要求教师研究儿童，因为我们对人的本身研究愈多，就对人的本性了解得愈深刻，在这个基础上对他们进行教育，就能取得良好的效果。不过，他在分析教育要适应儿童的"本性"这个问题时，也渗透了自己的神秘主义思想。他认为，教育不仅要与"自然协调"，而且要与"上帝统一"。

（二）儿童的发展与教育

福禄培尔系统地论述了儿童的发展与教育的问题。其中第二章阐述的是"幼儿期"的教育任务和方法；第三章阐述的是在"儿童期"向他们传授科学知识的重要性以及游戏和作业的意义；第四章阐述的是"学生期"儿童发展的特点及教育的措施。

1. 儿童早期教育

福禄培尔认为儿童早期的教育是十分重要的。对于儿童早期的教育，他着重谈了以下4个问题：

（1）儿童的食物与营养以及身体的健康。福禄培尔指出，在儿童早期，食物与营养同儿童身体的生长发育是互相制约着的,食物与营养是十分重要的问题,儿童的物质生活会直接影响到他将来一生。因此,作为父母,必须关心儿童的营养与健康,以保证儿童的正常成长发育。针对这一点,他说:"父母们和护士们,应该永远记住下面的一个总原则作为这方面的箴言:儿童早期食物和身体需要的简单朴素和俭约,提高人们获得幸福和精力——每一方面的真正的创造的力量。"另外,在儿童早期,父母还应关心儿童的身体和四肢的运用。他认为,儿童在与外界事物的接触中,由于可能是不动的,静止的,也可能是运动的。于是,儿童在生活中,在游戏中要去抓住各种东西和玩具,并紧紧地握住它们。这样,儿童就在坐和卧,抓和握,步行和奔跑中,运用着四肢,发展着四肢。

(2)儿童感官的发展与对事物的认识。福禄培尔在说明儿童早期的发展问题时,着重指出:父母应该注意儿童感官的发展。他认为,在人所遇到的各种物体中,或是静态的,或是动态的。与此相适应的每一种感觉,又分布于不同感官。有的感官比较适合对静止的物体的认识;另一种感官则比较适合于运动的物体的认识。例如,液体的感觉,分布在味觉和嗅觉的感官之间,而固体的感觉,则分布在温觉和触觉的感官之间。在儿童早期,孩子们是通过"观察"来认识事物及其特征的。"因此就很需要把一切事物确当地、清楚地和明确地放在儿童面前,使他可以确当地、清楚地和明确地看到它们和认识它们。"为此,他提出应该给予每一物体一个区别于其他物体的恰当的名字。只有这样,儿童才能正确地、清楚地来指明一切事物。

(3)儿童早期游戏及其教育意义。福禄培尔认为"儿童早期的各种游戏,是一切未来生活的胚芽",因此,儿童早期的游戏是具有深刻教育意义的。从儿童"心智"的发展来看,"游戏"是儿童"内部存在"的自我表现。也就是说,游戏是儿童的自然生活,是生活的自然表现。对于儿童来说,游戏能给他欢乐和满足，能表现他的内心生活。一个全神贯注着游戏的儿童，一个沉醉于游戏的儿童，正是儿童生活最美好的表现。基于这种认识，福禄培尔号召父母关心儿童的游戏并通过游戏的活动对儿童进行教育。他写道："母亲啊，培养儿童游戏的能力吧！父亲啊，保卫和指导儿童的游戏吧！"

（4）注意儿童语言的发展。福禄培尔指出，在儿童早期，随着儿童听觉的发展，儿童的语言也应该得到发展。并且他把儿童语言的发展与儿童在日常生活中对于事物的认识联系起来。于是，从儿童语言发展的角度来看，他要求放在儿童面前的事物都要给予用来表达事物的"字"，并且按照"字"的元音，清楚地、明确地发出每个"字"的声音。这样，儿童在认识事物的同时，也使自己的言语获得发展。而随着儿童语言的发展，他们就能利用语言这个工具来表现自己的"内心世界"。所以，在这个时期，父母的责任在于，他不仅要教会儿童"说话"，而且要使儿童把事物和关于事物的"名称"加以区别和联系。在这里，我们要指出的是，福禄培尔接受了裴斯泰洛齐关于要素教育的思想，认为儿童在认识事物时，"数"、"形"、"词"这3个因素是统一的。所以，他特别强调绘画在儿童"心智"发展中的作用。因为，绘画是以"形状"来表现事物的。而当以各种形状来表现事物时，就有关于事物的"名称"。同时，用绘画来呈现事物时，也易于使儿童认识一定"数量"相同的物体。例如，两只眼睛，两只手臂，5个指头和5个脚趾，甲虫和苍蝇的6条腿。很明显，通过让儿童观察物体的绘画，他们就能发现"数目"。如此一来，父母及早培养与发展儿童计数能力的责任也得以实现。

2. 儿童期的教育

福禄培尔认为，在婴儿期，父母和教育者的职责和任务是"养护"。继婴儿期之后，是儿童早期，父母要注意儿童语言的发展。继儿童早期过后，教学应该是居于统治地位的时期。

儿童期的教学,是在人与外在事物的广泛联系之中进行的。因此,儿童在这个时期的学习过程,实际上"构成了最广泛意义的学校"。而这个"学校引导认识外界事物,并按照事物本身特殊的和普遍的规律去认识事物的性质"。这样,人进入儿童期,他也就成为一个"小学生"了。显然,随着这个时期的开始,儿童的学校生活也就开始了。福禄培尔一再说明:"学校既不意味着校舍,也不意味着学校管理,而是为了一定的目的和一定的内在联系,有意识地传授知识。"

福禄培尔进一步论述了学校的任务,他把向儿童传授知识与培养儿童的品德联系起来,并且强调教师和家长必须培养儿童的意志。他说:"给予意志的坚定性,并且激励它,使它在人类纯洁的生命中,成为一种纯洁的、坚强的、经久不渝的意志,这是指导儿童,教学和学校的主要任务和主要目标"。

关于在儿童期如何有效地向儿童传授知识,如何促使儿童身心获得发展,福禄培尔指出,父母和教师应该特别注意以下3点:

(1)在日常生活中解答儿童提出的各种问题。福禄培尔通过细心观察、了解儿童期孩子的活动,指出:儿童到处伴随着父亲到田野和园圃里,到森林和牧场里,并且跟随父亲劈柴锯木、捆扎木头、饲养家畜等,在这个过程中,渴求知识的孩子们会提出各种问题,他们会问:这是什么?那是什么?应该怎样做等等许多问题。如果父母能回答孩子的问题,那么,就"给孩子开拓了一个新的世界"。儿童不仅在实际生活和劳动中可以获得知识,而且儿童分别地从各个方面学到语言,并把它作为认识客观世界的媒介。儿童的语言是在生活实践中得到发展的。

(2)游戏在教育中的作用。福禄培尔指出,在儿童早期,儿童游戏的目的是在于"活动"。到了儿童期,游戏对儿童身心的发展则有重大的意义。他认为,游戏可以使儿童的智慧和道德两方面获得发展。这一点,我们在儿童各种身体运动的游戏中，如奔跑、拳击、角力以及球类游戏中，都可以看得清清楚楚的。他特别强调游戏在培养公民社会道德方面的作用。他指出，儿童在游戏过程中，表现出他们"正直"、"节制"、"忠诚"、"友爱"等优秀品质。于是，他主张"每一个市镇，应该为孩子们设立公共游戏场"。在他看来，市镇的公共游戏场有助于培养儿童的集体思想，使儿童了解个人与"同伴"的关系。可见，游戏场会给整个儿童集体带来良好的教育效果。在这里，我们应该说明的是，福禄培尔在谈到对儿童进行道德教育问题时，指出人性是"善"的，"人并不是生来坏的"，"人也不是生来就有坏的恶的品质"。他强调说："人的本性本身肯定是善的，人的品质和倾向本身也肯定是善的"。这种观点尽管不是完全正确的，但它表现了福禄培尔对于青少年的看法，就是青少年的"心灵"是美好的。事实上，他把人类美好的生活寄托在青年一代身上。他的座右铭是："来吧，为我们的儿童生活吧！"

（3）寓言和故事是教育儿童的有效手段。福禄培尔始终强调，在教育工作中，父母和教师必须遵循儿童的"本性"。在儿童期，儿童"发展着对于传说、掌故、各种故事以及后来对历史故事的迫切欲望"，因此，父母和教师应该根据这一年龄阶段儿童的心理特点，通过"寓言"和"故事"来教育青少年。从儿童生活来看，他们是很喜欢听故事的，特别是故事的内容和情节满足他们的喜爱和欲望，故事中的主人公的言行与他们的思想感情和谐一致的时候，他们不仅会专心听讲，而且十分高兴、满怀欢乐。在这种情况下，各种故事的内容及其"德性"对于儿童有重大的教育作用。

3. 学生期的教育

福禄培尔认为，处于学生期的儿童"已离开对事物外部观察，进到更高深的对事物的精神理解"，这就要求"学校还要为学生指出各个事物和对象的内部倾向和关系。从而把他们提高到更高一层的普遍性的精神实质"。教师的任务就在于引导儿童"对事物的了解、洞悉和有意识的内部理解"。针对这一点，福禄培尔强调说："'教师'所以被称为'教师'，就因为他能指出各项事物的统一性。他是一个'学校教师'，是因为他的任务在于很明确地向自己和他人指出各项事物的内部的精神的本质"。

福禄培尔还阐述了处于学生期的儿童应该学习的内容，以增长他们的智慧，概括起来有3个方面的知识："一是关于他自己及与人交接的知识和关于整个人类的知识；二是关于上帝、关于人类和一切事物的永恒条件及其由来的知识；三是关于基于永恒精神和依附于它的自然界和外部世界的知识"。显然，儿童除了要学习自然、人类以及个人的各种知识外，还要了解神的本质，培养学生对于"上帝"的"爱"的感情。这透出了福禄培尔教育理论的宗教色彩。

我们可以看到，福禄培尔关于儿童发展的理论的主导思想是，人是在不断发展的过程中形成自己的个性的，一个人从儿童早期到儿童，是由一个发展阶段向另一个发展阶段前进的过程。而从儿童期到学生期的发展，是人的发展过程中特别重要的时期。这个年龄阶段儿童的主要任务是学习知识并认识"神的本源"。同时，从福禄培尔在《人的教育》一书中关于儿童发展的具体内容来看，应该说，他认为儿童的发展是多方面。所以，他广泛地谈到儿童的体育、智育和宗教教育等问题。而在论证这些问题时，他受裴斯泰洛齐的教育思想的影响，既强调要发展蕴藏在人身体中的能力，又要求教育的内容和措施要符合儿童的本性。这样，就使福禄培尔关于儿童发展的理论具有两个突出的特征：一是主张儿童的创造性、主动性的所谓"自我发展"与神秘主义的所谓的"神"的创造意志相"混合"。如果我们剔除他那种不正确的所谓"神"的创造意志的糟粕，那么，他主张培养儿童的创造性、主动性的主张是对的。他十分重视培养儿童的创造性。所以他指出，"学校主要特征的形成，不在于使学生获得一定数量庞杂的外界事实，而在于使一切事物有生气并具有行动的活泼精神"。二是福禄培尔在论述儿童的发展时，强调要向儿童传授知识，并且要求教师要照顾儿童的年龄特征。同时，他不仅重视儿童发展中的智育问题，而且十分重视德育的作用。他在谈到对"学生期"的儿童进行教育时，强调要使儿童认识人类和事物中神的本质。应该指出这种神秘论反映了他当时企图逃避德国艰难的现实思想。在政治上，他是当时软弱无力的德国小资产阶级的代表。他的教育理论的神秘主义，也反映出他小资产阶级思想的特点，那就是企图寻找神秘幻想的世界，这是他在教育理论中处处渗透着宗教的、神秘色彩的阶级根源和思想根源。

但是，我们应该注意的是，在他关于儿童发展的理论中，有3点意见是宝贵的：一是他重视父母和教师在儿童发展过程中的作用。在儿童早期，他特别重视父母在儿童游戏以及形成儿童"善良的心灵"中的作用。在儿童期，他重视教师在向儿童传授科学知识和培养儿童的创造力中的作用。他要求教师"激发儿童的智慧"，发展儿童的认识本能和创造本能。当他谈到要培养与发展儿童的创造本能时，就指出加强发展这种本能可以使儿童意识到自己的力量。二是福禄培尔说明了儿童在学校里的共同生活对于儿童发展的作用。他认为，儿童的学习、生活、游戏和劳动，这是一个最广泛意义的"学校"，在这个"学校"里，儿童会意识到共同生活的要求、游戏和学习生活的各种制度和规则，对于儿童都具有教育的作用。三是在儿童的发展过程中，福禄培尔从儿童具有艺术本能的观点出发，主张对儿童进行美育，并且强调绘图和音乐在美育中的作用。他指出，绘画对儿童的发展是很有价值的。因为绘画以"形状"和"线条"表现事物，有助于发展儿童的知觉，并易于使儿童认识事物。这一点，对于发展儿童的观察力有重大的意义。同时，"儿童爱好绘画，儿童对于绘画有一种本能的欲望"，教师应该培养与发展儿童的艺术才能。他还强调音乐在对儿童进行美育中的作用。他认为，儿童是爱唱歌的。当他谈到儿童期的教育时，指出："幸福的儿童是多么喜欢唱歌啊! 他仿佛在歌唱中感到一种真正新的生命"。儿童爱唱的歌曲,是他们善良的心灵的"外在表现"。

总之,福禄培尔认为,儿童的发展是多方面的,教师应该培养儿童具有多方面的能力。而当他谈到为一个广博而周全的人制订教育计划时,就清楚地指出:"及早设唱歌、图画、彩色画及造型等课,并把它们当作学校的严正目标看待,极力防止流入专断、烦琐和幻想等不合理情况。主要意思是,不使每个学生在几门或各门艺术中成为艺术家,而使每个人都获得充分和全面的发展"。

(三)教学科目

在《人的教育》一书中,福禄培尔将小学教学科目总结概括为以下4个方面:

1. 宗教

福禄培尔认为,学校必须开展宗教教育。其目的在于阐明人的精神、人的心灵都是"源于上帝"并依靠上帝而存在的。因此,他要求学生学习宗教书籍,并将其认为是儿童的宗教本能的体现。在人同"上帝"和"神"的关系上,他企图通过宗教教学来培养人原有的神性。不难看出,将宗教作为一项教学内容,是福禄培尔宗教思想在教育理论中的具体体现。

2. 自然科学

福禄培尔认为在人的身体中蕴藏着认识的本能,这种本能使得人们能够认识世间万物并揭示万物。儿童也不例外,同样具有这种认识的本能。因此,应该让儿童学习自然科学知识,认识一切存在的事物。并且他在论述儿童必须学习自然科学知识这个问题时,阐述了应该从事物的发展与联系中来学习数学等自然科学知识,例如,他指出,自然界和关于人的使命知识都是发展的,应该从事物发展的角度来观察与认识它。同时,他认为,数学在数、形、量等方面是互相联系的,数学的数、形、量组成了不可分割的"三位一体"。不难看出,这些认识是具有一定的积极意义的。但我们应该指出的是,他在论述人们对自然界的认识时,仍然要求人们要信仰"上帝",并且认为人们只有具备基督教的精神,才能达到对自然的真正了解,从而获得有关自然生动的知识。福禄培尔企图用人们学习与掌握自然科学知识来解释"上帝"创造了自然,这种矛盾反映了他的信仰与科学的矛盾。这种矛盾的现象,实际上是德国当时宗教的意识形态与正在发展的自然科学的矛盾在他的教育思想中的具体表现。显然,这是他教育思想中的消极因素。

3. 语言

福禄培尔指出,在儿童早期的家庭教育中,父母必须要教会儿童"说话",让他们学好语言。而在学校教育中,他把学习语言作为整个教学内容的一个重要组成部分。在他看来,"语言是人的内部向外界自动的表现。……就像花木的抽芽显示花的内部结构一般,说话的人自动地表现了他的内部存在"。语言表现人的心灵,人们的观念、信仰和意识是通过语言表达出来的。语言是人们交流和沟通的工具。同时,他还说明,外界一切事物都有"它"自己的"名称",而这种"名称"是用"词"来表现"它"的,这就使得儿童在认识各种事物的同时,也学习了语言。因此,"语言包含有自然和人类的知识"。这种看法是正确的。同样,他认为语言"表现了上帝"的精神以及"上帝的启示",这是需要我们批判继承的。

4. 艺术

福禄培尔认为儿童具有艺术的本能,应该对儿童进行美育。这种美育的任务在于培养儿童对艺术兴趣和艺术欣赏的能力。关于对儿童进行艺术教育的内容,福禄培尔指出:"艺术,凡用声调表现的,是音乐,特别是歌曲;凡用颜色表现的,是彩色画;凡用粘土材料表现的,则是造型(或雕塑艺术)……如果仅仅考虑用线形来表现的话,那么绘画便偏于平面的表现,造型偏于立体的表现"。

可见，对儿童进行艺术教育的内容是多种多样的，如音乐、绘画、雕塑等。

在如何对儿童进行艺术教育问题上，福禄培尔提出3点宝贵的意见。一是他主张培养儿童具有艺术欣赏的能力，他说，"我们应该在儿童期的始末注意儿童的艺术修养。"二是他从儿童的"本性"角度来论证对儿童进行艺术教育的必要性。他指出，幼儿是爱好图画的。幼儿爱用造型和颜色来表现观念和想象以及内心的生活。因此，我们应该重视对儿童进行艺术教育。三是福禄培尔明确地指出，让儿童学习艺术，并不是培养艺术家。美育是使每一个人都获得充分和全面发展的一个组成部分。学校里对儿童进行艺术教育的目的在于使儿童"懂得艺术并能欣赏艺术作品"。所以，他指出，真正的学校教育，必将保证儿童不提出成为艺术家的错误要求，我们的任务是培养儿童具有欣赏艺术的一般能力。

总之，福禄培尔提出的教学计划包括了广泛的学科，尽管他要求儿童学习宗教课程，但是我们应该看到，他重视自然学科、语言和艺术，这一点表现了他的教学计划是适应当时德国发展国民教育的要求的。同时，他把教学科目与使"每个人都获得充分和全面的发展"联系起来，并坚持要使"每个人都获得充分和全面的发展"的思想，这一点是很难能可贵的。

（四）学校与家庭

福禄培尔十分重视儿童的家庭教育以及家庭与学校教育之间的关系问题，强调学校与家庭在儿童成长中的作用及彼此协作的意义。他认为儿童主要是在家庭生活中成长到儿童期乃至学生期，因此，儿童是否接受良好的家庭教育，接受什么样的家庭教育，对于儿童成长来说，十分重要和关键。儿童的游戏、儿童智力的发展以及儿童的性格、情感、意志，与他们的家庭生活都是分不开的。福禄培尔这样写道："唯有家庭生活才能使儿童获得善良的心灵和有见解、温和的性情的积极的与有力的发展和教育。家庭生活在儿童生长的每一个时期，以及在人的整个一生中，是无可比拟的重要的"。正是基于这种认识，他要求父母必须做好家庭教育中的各项工作，要为儿童的身心发展奠定良好基础。当然，为了全面做好儿童的教育工作，学校与家庭必须及时沟通取得联系，保持教育的一致性。他特别强调指出："学校和家庭的一致，家庭生活和学生生活的一致，是这一时期完善教育的首要和不可少的条件"。在这里，他说明了学校教育与家庭教育一致性的原理，这无疑是正确的。

为了保证学校教育与家庭教育的一致性，福禄培尔通过大量论证，列举了在教育过程中各种各样切合实际的做法。概括起来，主要内容有：(1)唤醒、增强并培养儿童的宗教感。家庭和学校要培养儿童的"宗教感"，学习祈祷文，使他们意识到上帝的存在；(2)关心身体，给以身体方面的知识，并发展体质。家庭和学校都要关心儿童的身体健康，要向儿童传授关于身体健康方面的知识，组织他们锻炼身体，以达到增强体质的目的；(3)对自然和外部世界的观察和学习，要从最近的周围环境到较远的地方。家庭和学校要指导儿童学习自然科学知识，了解周围自然界的事物，熟记关于自然和生活的短诗篇。(4)语言的练习。家庭和学校要指导儿童学习语言，开展语言训练活动，进行语言练习；(5)系统的手工练习、线条的练习以及学习各种不同的和相似的彩色。家庭和学校要指导儿童进行手工练习，绘画练习等；(6)游戏以及讲述故事、传记、寓言和神仙故事。家庭和学校要指导并组织好儿童的各种游戏，并通过游戏以及寓言和故事等对儿童进行恰如其分的教育。福禄培尔给幼儿园提出的任务是：培养学前儿童，让他们做各种必要的活动；发展他们的体格，锻炼他们的外部感官，使儿童认识人和自然；使儿童在游乐、嬉戏和天真活泼的活动中，去做好升学的准备。

在这里，我们应该特别指出的是，福禄培尔在对儿童的教育过程中，特别注意对儿童进行劳动教育。针对当时德国学校脱离生产劳动的现状，他指出：

"我们现时的学校,特别是拉丁学校和中学校安排中的最大错误,显然就是把学校完全与外界生产工作相隔离"。他提倡让儿童做一些"家务活",并且指出,儿童应该"经常从工匠或农民那里得到教益"。同时,他要求那些"年长的孩子",应该独立地完成父母和教师安排他们的工作。他还主张在学校的学生可以参加某些"外界的生产劳动",以增强动手操作能力和适应社会的能力。福禄培尔将儿童参加劳动列入家庭与学校的教育科目中,这一点是很宝贵的。同时,他还说明,让儿童参加生产劳动对于增强儿童的体质以及促进他们的"心智"发展都有重大的意义。

总之,福禄培尔的教育经验主要体现在:重视游戏在早期儿童教育中的作用;关心儿童的身体健康和智力发展;提倡发挥儿童的创造性;主张对儿童进行全面发展教育;重视对儿童进行劳动教育;主张学校与家庭在教育儿童中要保持统一要求等等。关于儿童发展的理论,反映了德国古典哲学的一些进步特征,他把儿童的发展看作是从儿童早期到儿童期,继而到学生期彼此继续的、不中断的发展过程。这样,就揭示了儿童教育的连续性。同时,他一再强调说明,儿童的发展是多方面的,所以,应该对儿童进行德、智、体、美的教育,从而论证了教学内容的多样性。他在论述对儿童进行教育的各种科目时,尽管主张要对儿童进行宗教教育,但是,他还是适应当时德国社会生活和发展生产的需要,重视让儿童掌握自然科学知识并重视艺术教育。当然,他在论述这些问题时要求让儿童认识"上帝"的存在和"神"的本质,这是宗教思想和神秘论在他的教育理论中的具体表现,这是要求我们加以剔除的。

四、名段选读[1]

(一)总　论

一切内在的东西是由精神的东西从外表并通过外表被认识的。事物和人的本质、精神、神性可以从其外部表现加以认识。照此道理,全部教育、全部教学、全部训练和作为自由之产物的全部生活是与人和事物的外部表现联系着的,并从外部出发对内部发生作用,由外部推断内部。然而尽管如此,教育不可能也不允许直接地由外部推断内部,因为事物的本质常常在某种关系上要求反过来,不是由外部推断内部,而是由内部推断外部。

忽视上述真理而宁愿继续违背这条真理行事,从幼儿和少年儿童一定的外表现象直接推断他们的内在本质,这是造成争论和分歧的根本原因,是生活和教育常常犯错误的根本原因;对幼儿、少年的无数错误判断,在父母与儿童之间或来自一方或另一方的那么多的误解,其一定的原因就在于此。因此,这条真理的运用,对于父母、教育者和教师是至关重要的,他们应当全力争取最详尽地通晓这条真理的运用;这将会在父母与儿童、受教育者与教育者、学生与教师的关系上带来目前所无法获得的明确性、可靠性和安稳性;因为外表看来善的儿童,其内心往往并不善,就是说,并非出于自发或出于对善的爱、尊敬和赞赏才需要善的;同样,外表粗暴、固执、任性,即看来不善的儿童,往往在内心自发地对善的表现抱有最热心的、最强烈的追求;外表心不在焉的男孩在内心却具有牢固、坚定的思想,根据其整个外表并不能发现这种思想。

我们给幼小的植物和动物提供空间和时间,因为我们知道,这样,它们将按照在它们及每一个体之中发生作用的规律良好地发育成长,人们给幼小的动物和植

---

[1] 福禄培尔著,孙祖复译. 人的教育 [M] 北京: 人民教育出版社,2001.

物提供安宁的环境，并力求避免用暴力干扰它们，因为人们知道，相反地去做会妨碍它们完美地发育和健康地成长。但是，年幼的人使人觉得是一块蜡或一团泥，可以用来任意捏成一样什么东西。漫游花园和田野、草地和森林的人啊，为何不打开你们的心扉去听听大自然以无声的语言教诲你们的一切。看看被你们称为杂草的、在压力和强制中成长的、几乎捉摸不到其内在规律的植物吧，在大自然中、在田野和花圃中看看它吧，看看它显示出何等的有规律性以及在一切方面和一切外表上协调一致的多么纯洁的内在生命吧，这生命犹如从大地上升起的灿烂的太阳，或一颗闪闪发光的星星。那么，父母们，你们的孩子，在你们违反他们的本性把你们以前的形式和使命强加于他们，以致他们病态地、不自然地跟随着你们行动的情况下，也能够成为完美地成长和全面发展的生物吗？

按上帝精神的作用和从人的完美性和本来的健全性来看，一切专断的、指示性的、绝对的和干预性的训练、教育和教学必然地起着毁灭的、阻碍的、破坏的作用。因此，为进一步接受大自然的教训，葡萄藤应当被修剪。但修剪本身不会给葡萄藤带来葡萄，相反地，不管出自多么良好的意图，如果园丁在工作中不是十分耐心地、小心地顺应植物本性的话，葡萄藤可能由于修剪而被彻底毁灭，至少它的肥力和结果能力被破坏。在对待自然物方面，我们的做法常常是正确的，而在对待人的问题上，却会走上完全错误的道路，而且在两者中起作用的力量出自同一来源，服从于同一条法则。因此，从这一观点出发，对于人来说，重视自然和观察自然也是十分重要的。

人和人身上的人性应当被看做外表的现象，不能看作是一种已经充分发展的、完全形成的，一种已经固定、静止的东西，而应当看作一种经久不衰地成长着、发展着的，永远是活生生的东西，永远朝着以无限性和永恒性为基础的目标，从发展和训练的一个阶段向着另一个阶段前进的东西。

那种把人类的发展和训练作为一种静止的、完结的,似乎始终仅仅以更大的普遍性重复着的东西的观点,是一种极其有害的观点,因为按照这样的观点,儿童以及每一个后代都仅仅是一个模仿出来的、表面上没有生命的复制品,好像是某一先辈模样的铸件,而不是对于在人类发展的总体上他所达到的那个发展阶段来说,他又是为了世世代代的发展而被效仿的一个活的榜样。固然人的后继的每一世代和每一个人都应当经历这一代以前的发展和训练,否则,他就不能理解过去和现在,然而不是采取模仿、复制、照抄的死的途径,而是采取主动地、自由地发展和训练的活的途径。每一个人应当自发地和自由地把这种发展和训练作为自己和他人的榜样重新表现出来,因为,在作为人类一员和上帝儿女的每一个人身上所包含着并体现着整个人性,但它在每个人身上是以完全固有的、特殊的、个人的、独一无二的方式被表现、被塑造的,并且应当在每一个人身上以这种完全特殊的、独一无二的方式被表现,借此人们能够感知人类无限而永恒的、丰富多样的本质,并越来越多地认识到,越来越生动地和肯定地感知到这种本质。

只有坚持这种唯一彻底的、有充分根据的、包罗一切的关于人的认识以及对人和人的本质的理解——在认真探索的情况下,可以进一步推导出对于了解人的培育和教育所必需的其他一切知识,只有坚持这种对一个人从宣告他的出生起的完整看法,正确的、真正的人的教育和人的培育才能发展,才能开花结果,才能成熟。

儿童从刚刚出生到世界上起,人们就应当和必须按照他的本质去理解他和正确对待他,让他自由地、全面地运用他的能力。不应当强调某些能力和肢体的运用而牺牲其他能力和肢体，并妨碍这些能力和肢体的发展。儿童既不应当部分地受到束缚和牵制，也不应当在以后受到控制。儿童应及早学习发展自己一切力和肢体的重心和支点，学习在其中休息和不受干扰地活动，学习自由地活动和行事，用自己的双手攫取并抓住东西，用自己的双脚站立和行走，用自己的双眼发现和观察一切，均衡地和以同等力量使用他的每一个肢体。儿童应当及早学习一切本领中最高尚和最难以掌握的本领并及早加以应用和付之实践：能够在任何偏离现象、干扰和障碍的情况下把握住他的生活轨道的中心和支点。

人按其本质和命运应当学会从忍受微小的、无足轻重的苦难到忍受严重的、毁灭性的苦难和负担。那就是说，如果父母和周围的人具有一种坚定和可靠的信念，递给正在哭泣和不安的孩子某种东西，这种东西在当时可能对这孩子来说是需要的，排除一切不利和可能不利于这个孩子处境的一切东西，于是父母和周围的人便能够使啼哭的、不安的甚至号叫的孩子安静下来，冷静地给他们提供时间，让他看到自己的力量。因为，如果小孩子一次或多次地由于假装痛苦或由于轻微的不愉快和不舒服而迫使别人同情和帮助，那么父母和周围的人便失去了许多甚至一切几乎通过暴力也不可能重新获得的东西；因为小孩对周围的人的弱点具有十分敏锐的感觉和正确反应的能力，所以在他们身上天生的和发生作用的力量的显露，以及别人的弱点促使他们对这种力量的掌握，比起他们在自己身上和在自己的容忍、忍耐和活动中表现和训练这种力量更为容易。

父母常常容易忽略和轻视的一点是：当一个人到达少年期时，他们便相信他是少年了，并把他作为少年来对待，当他到达青年期或成年期时，他们便把他作为青年人或成年人来对待；但是，一个人未必由于达到少年期即成为少年，到达青年期即成为青年，而只有当他到达少年和随后的青年期时他与他的智力、情感和身体的要求相符合时，才成为少年和青年；同样地，一个人未必由于到达成年期而成为成年人，而只有当他真正符合了他的幼年期、少年期和青年期的要求时才成为成年人。另一方面，往往有些十分明智和精明的父母们，他们不仅要求孩子表现为一个少年和青年，而且特别要求一个少年至少要表现得像一个成年人，要求他在各方面表现得像一个成年人一样，从而可跳越少年和青年期。在幼儿和少年身上看到并注意到早期的青年人和成年人的萌芽、天赋和缩影，完全不同于把他作为一个成年人看待和对待，不同于要求他在幼年和少年时期就要作为一个成年人来表现自己，作为一个成年人去感觉、思考和行动。这样要求儿童的双亲们忽视和忘记了一点，正是他们，几乎总是由于根据他们的本性、按照某种关系经历了他们要求自己的孩子跳越的那个阶段，才成为精明的父母亲们的，而且肯定地只能成为精明的人的。

（二）幼儿期的人

在人的心灵和精神中，在人类的思想发展史中，在人类意识的历史中，在儿童身上，在每个儿童从他出生到世界上起，直到最后作为一个人身处伊甸园以及在这里体验到展现在他面前的美丽的自然为止所获得的经验里，正如圣书向我们讲述的那样，复现着万物发展和被创造的历史。同样地，在每一个儿童身上，在以后的时期里，按其本性会重复同样的行为，这种行为标志着道德的解放、人的解放的开始和理性的开始。而且这种解放和理性，为创造人类自由起见，是必然要开始的。从自身中去认识、去琢磨、去洞察整个人类发展的历史，直到该历史目前已经到达的一点，或者直到任何固定的一点，这一切，乃是每一个心灵和人，特别是注意到自己发展的每一个心灵和人的使命。为此，每一个人，凡能够做到的，应被要求把他自己和别人的一生及早地和经常地作为一个继续不断发展着的整体来认识和看待，并且每一个人都应当这样来认识和看待他自己和别人的一生。只有按照这种方式，人才能理解历史，理解人类发展的历史，理解自身，理解他自身发展的历史、现象和事实，理解他自己的心灵、性情和精神的历史。只有这样，他才能理解别人，只有这样，父母才能理解自己的孩子。

变内部为外部，变外部为内部，并寻求两者的统一，这是表达人的命运一般的外部形式。所以，人所接触的每一个外部事物，都要求人们去认识它，从它的本质上和它的联系上去承认它。人具有感官，即借以实现这种要求的工具，它也充分和足够地体现了"感官"一词的含义，即"自发的内化"。

在发展了的感官、身体和四肢活动到了儿童开始自动地向外表现内在本质的程度时，人的发展的婴儿期也告终止，并开始了幼儿期。在这个阶段以前，人的内在东西还是一个不分化的、无多样性的统一体。随着言语的开始便开始了分化，即人的内在本质中按手段和目的联系起来的多样性的出现。人的内在本质发生分化，向外释放出来，力图向外表现自己，宣告自己的存在。人依靠自己自发的力量在自己外部固定的东西上，并通过固定的东西，把自己内在的本质向外表现，塑造其形象，而人的这种自发和独立的发展，这种内在本质通过自己的力量在固定的东西上自发表现，也可以充分地用Kid（幼儿）一词来表达，K—i—d，即标志着人进一步形成的这个发展阶段。

随着幼年时期的到来，随着人在外部和通过外部表现内部本质并寻找和力求两者一致的，即寻找和力求结合两者的统一的这一时期的到来，真正的人的教育便开始了。这时，虽然身体的保育减少了，但智力的培育和保护却加强了。但在这一时期，人及其教育还是完全被托付给母亲、父亲和家庭的，他同他们一起，构成一个就本质上说完整的、不可分割的统一体。因为作为表现手段的语言，这时仅仅被看作可以听到的东西,说话在这一阶段上还是一种与人完全不分的东西。他还根本不认识作为某种固有的东西而存在的语言。它像他的手臂、眼睛、舌头一样,同他合为一体,而他自己关于它尚一无所知。

虽然在人不同的教育和发展阶段中,除了这些阶段出现的必然顺序(按照这个顺序,较早的和最早出现的东西总是较重要的和最重要的东西),就它们重要性的大小程度来说,我们是无法确定其惯序的,每一个阶段,在它所处的位置和时间来说,都同样重要,然而这一阶段,由于同周围的人和外界事物的最初联系和结合得到发展,由于它包含着说明和理解周围的人和外界事物并掌握其内在本质的最初出发点,因而是十分重要的。这一阶段之所以重要,是因为这一点对于一个正在发展中的人来说是很重要的,即在他看来,外部世界是否表现为一种高贵的或不高贵的东西,表现为一种卑微的、死气沉沉的东西,一件仅供使用、消耗和毁灭的东西,供别人玩赏的东西,或表现为自身的目的,表现为一种高尚和有生命的东西,一种有精神、有灵魂和神圣的东西;它是否表现为一种纯洁的或污浊的东西,表现为一种贵重的、庄严的东西或一种低贱的、压人的东西;他是否按真正的关系或错误的、曲解的关系看待和认识事物。所以,这一发展阶段上的儿童,应当正确地和确切地看待一切事物,应当正确地、确切地、肯定地和纯正地描绘一切事物,无论就事物本身来说,还是按其本质和特性来说,都应当这样对待。他应当正确地描绘物体与空间和时间的关系,以及物体彼此之间的关系和物体对物体本身的关系,用恰当的名称和词汇表达每一个事物、每一个词本身,按照它的音调、音素、结尾等组成部分加以清楚、纯正地使用。由于人的这一发展阶段要求作为儿童的他清楚、正确、纯正地描绘一切,因此就极其需要把他周围的一切东西正确地、清楚地、纯正地展示在他的面前,使他能够正确地、清楚地、纯正地看到并认识这一切;两者是不可分割和相互依存的。

要使建筑物造得坚固，就必须不仅熟悉每一种材料的名称，而且必须对其性质及其用途有充分的认识，幼儿那天真的、冷静而孜孜不倦的活动显示了他渴求做到这一步的心情。我们说他天真，因为我们不理解他，因为我们没有看的眼睛，没有听的耳朵，并且还缺少同情孩子的感情。由于我们是迟钝的，所以儿童的生活在我们看来是没有生气的。既然我们不能给自己解释儿童生活的意义，我们怎能向儿童解释清楚。然而这一点正是儿童渴望我们做到的。儿童生活中的各种事物在我们一无所知的情况下我们怎能用语言加以说明呢，而这一点却是儿童内心强烈的渴望，在这种渴望的驱策下，儿童用紧握的小手把他的发现带给我们，把它放在我们跟前。事物可以说就是这样必然会自行地使他明了的。凡进入幼儿尚显得狭小的视野的和使他尚显得狭小的世界得以扩大的东西，都使他喜欢，对他来说，即使是最小的东西也是一种新发现。但这些东西不应当在无生命的状态下进入他那狭小的世界并停留在这个狭小的世界里，否则会使他那狭小的视野暗淡无光，压碎这个年轻的世界。因此，幼儿自己也希望懂得，为什么这些东西使他感到喜欢，他希望了解事物的一切特征和最内在的本质，以便有朝一日会自己了解自己的倾向。因而儿童从各方面对物体进行检验和观察。因而他把它撕破、打碎。因而他把它放到嘴里，把它咬碎，至少尝试去咬它。我们呵斥和责骂孩子，把他看作可恶和愚蠢，究竟他是否不比我们一辈聪明呢？

（三）少年期的人

人的前一发展时期，即幼年时期，主要是生活的时期，是生活本身的时期，仅仅是为了生活而生活的时期。这是一个使内部的东西成为外部的东西的时期。而现在这个时期，即少年时期，则主要是使外部的东西成为内部的时期，即学习的时期。

从父母和教育者方面来说，婴儿期主要是保育的时期。继婴儿期以后的时期，即把人看作是一个统一体并作为一个统一体来要求的幼儿期，这一时期主要是教育的时期。刚才提到的少年期主要是让儿童懂得事物的特殊关系和个别事物，以便他们以后能够引出它们内在的统一性，即从观察者针对个别事物出发，发现并指出它们内在的各种倾向。观察和处理个别事物本身和从这些事物的各种特殊的内部倾向的关系上观察和处理个别事物，乃是教学的任务和本质，因而少年期主要是教学的时期。

作为教学的少年期的发展和训练，不仅要遵循人本身的本质，而且还要遵循事物本质中包含的一定的、不变的和明确的法则，特别是人和事物同样必须遵循的那些法则。或者更明确地说，少年期的发展和训练的工作，不仅要遵循这条普遍的、永恒的法则在人身上特殊地表现的方式，而且也要遵循该法则在人以外的任何事物中表现的或是在人身上和事物中同时地、共同地表现的方式。那就是说，它必须遵循以这种特有的或普遍的形式存在于人以外的不变的、一定的条件。所以，教学只能和必须借助认识、见解、谨慎、洞察力和觉悟来进行。起到这种作用的是最广义的学校。学校的作用就是引导人去认识并把握存在于他以外的事物并按照存在于这些事物中的特殊的和普遍的法则去认识并把握它们的本质。学校通过把外部的、个别的、特殊的个体展示在人面前，引导人去认识并把握普遍的、内在的、统一的东西。所以，作为少年的人同时成了学生。随着少年期的开始，学校生活也开始了，不管是在家里或是家庭之外，也不管孩子受教于父亲、家庭成员还是老师。在这里，学校既不能被理解为校舍，也不能被理解为学校的经营，而是为一定的目的和按自觉的内在联系有意识地传授知识。

在这一年龄阶段（少年期），特别重要的是为了生产的目的在自己的花园里种植作物；因为孩子在这里首先可以看到果实是如何通过他自己的行动，以逻辑的必然性和规律性决定的有机的方式产生出来的，这些果实是以多种方式产生的，他们尽管要服从于自然力的内在法则，然而也取决于他的活动，取决于他的活动的意向。特别是，通过这种活动，通过儿童在大自然中的生活及他对自然提出的疑问，他对于认识自然的渴望——这种渴望会促使他长时间地、经常地、反复地去观察和有意识地去注意草木和花朵——会得到多方面的、充分的满足，而自然界似乎也善意地对待孩子的这种欲望和活动，并赐以丰硕的果实作为报答；因为，要是对孩子的花园瞥上一眼，立即会有这样的景象出现在我们面前：如果孩子适度地培育和照料他的植物，这些植物便会生长得特别引人注目地健壮和富有生气，便会花朵盛开。当然，如果孩子们带着特别的爱护来期待和注意他们的植物和花朵，如同与它们一起生活一样，那么，这些植物和花朵也会长得特别健壮和茂盛。要是孩子不可能有亲自照料的小花园，那么至少他应有一些栽在花箱或花盆里的植物。花箱或花盆里不应栽上珍奇的、难以栽培的植物，而应当是易于生长的、花苞累累、叶子茂盛的普通植物。曾经养育和保护过外界生命（尽管是十分低级的生命）的孩子，或者说少年，也将更容易地学会养育和保护他自己的生命。并且，通过植物的培育，孩子去注意甲虫、蝴蝶、鸟类等动物的渴望也会得到满足，因为这些动物喜欢接近植物界。

　　人身上有一种追求、一种渴望、一种心灵的要求，这是任何外部作业和外部活动都不能予以满足的。外部作业和活动给予这一时期人的一切，对于他来说，对于他在适合于其本质的教育中寻求的和需要的东西来说，是远远不够的。现在的状态不管如何充足和丰富，对他来说都是不能满足的。他要通过事物的现状去了解事物过去的状况。他也想知道在他出生之前存在过的东西，想知道现有事物的过去的根源和起因，他甚至希望把过去遗留下来的东西本身、它的存在的原因、它过去的那个时代都讲给他听。谁能忘记他自己在特别成熟的少年时期,当他看到古老的城墙、古塔、废墟遗址、甚至古旧的建筑物时,当他看到耸立在高地和路旁的古老的纪念碑和圆柱时,在心灵里说出的那种希望别人告诉他关于这些东西、它们的时代和起因的明确的渴望呢?不,在这个时刻,谁不会在自己的心里觉得有一种模糊的、不定形的预感:说不定将来有朝一日这些东西本身会来说明它自己和它们所处的那个年代呢?除了在他之前就已经生活在这个世界上的那些年长者之外,又有谁能根据自己的经验和知识的判断来说明这些呢?他的愿望就是这些年长者们能告诉他这一切,向他说明这一切,因此在这一年龄阶段的儿童便发展着对童话、传说、一般的故事以及后来对历史故事的需要和迫切的欲望。这种迫切的欲望,特别是在这一年龄阶段最初出现的时候是十分强烈的。这种欲望是如此强烈,以致当它不能从周围的人那里并通过周围的人得到满足时,儿童就会设法从本身并通过本身使其得到满足,特别是在空闲的时间和日子里以及在白天的体力活动和通常的作业结束的时候。谁没有看到过一群这一年龄的孩子们,如何地团团围住一个由于其良好记忆和生动想象力,而成为他们的讲述者的人以及当他的讲述满足了他们的生活愿望和证实了他们的动作、行动和判断时,总之,当讲述中的实例和语言与孩子的内心思想感情和谐一致时,他们是如何地全神贯注地倾听着的那种情景并对此充满着崇敬的心情呢?

凡是他自己内心感觉到的和在内心活动着的,甚至他因缺乏语言而不能用自己的语言表达出来的,他都希望从别人那里并通过别人听到用语言表达出来。

凡是儿童心灵里模糊地预感到的东西,凡是使他的内心充满欢乐和愉快、力量和青春的感觉的东西,他都希望用言语表达出来,但是他感到自己尚未具备这种能力。他寻找着表达的言语,由于他不能在自身找到这种言语,于是,当他在自己以外通过格言,特别是通过诗歌来找到这种言语时,便感到内心的高兴。这一年龄阶段的爽朗、快活的儿童不是喜欢唱歌吗?他不是在唱歌中才真正感觉到自己是具有生命的吗?这不正是一种正在增长着的力量的感觉,并且正是这种感觉促使他越过溪谷、登上山头,从这山到那山的漫游中,从他的嘴唇和健康的喉头倾唱出欢乐的歌曲吗?

儿童具有一种了解自己的强烈愿望,所以我们可以看到他在寻找清澈的、纯净的、新鲜的、平静的或流动着的水。他在游戏中总是离不开水,因为在水中他可以看到自己,看到他的心灵的形象,并且他希望在水中和通过水,认识自己的精神本质。溪流和湖水之于儿童的心灵,纯洁的空气和清晰可见的远方之于儿童的心灵,就好像游戏之于他一样——这是等待着他将来去进行生活斗争的一面镜子。因此,为了壮大自己生活斗争的力量,少年期儿童和未来的青年甚至在游戏中寻找障碍、困难和斗争。

儿童对认识过去的世界和认识自然的渴望,一次又一次地把儿童引向花卉和古旧的断垣残壁和崩塌的殿堂。这种要把充满着他内心的东西表达出来的渴望,促使他唱歌。因此不用说,很多外部形象,很多在儿童的行为和行动中表现出来的东西,都有一种内在的、精神的意义,即具有象征的意义。假如父母们相信幼年期和少年期的这种象征性的东西,假如父母们从这一关系上去注意他们孩子的生活,那么,无论对于父母或子女,对他们的现在和将来,将是多么有益的事情啊!这在父母和孩子之间将会建立一条新的、活生生的纽带,将有一根新的生命之线把他们现在和将来的生活贯穿起来。

使少年期孩子变坏的大多是别人,是成年人,往往甚至是教育者自己,这确是一条深刻的真理,否认这条真理,会给日常生活带来严重的恶果。他们是如何使孩子变坏的呢?从孩子方面来说,或者由于无知,由于缺乏思考,或者也由于他对自身以外的正确和错误具有十分敏锐的鉴别能力,因而从一种十分出色的、值得赞扬的公正感出发而做的一切,总是被他们归结为一种可恶的、不良的或至少是一种不恰当的意图。可惜在教育者中间也存在着这种不幸的人。他们总是把孩子看成邪恶的、诡计多端的、阴险的小魔鬼,而另一些人至多把他看作过度的恶作剧和过于放纵了生活乐趣的结果,对这些倒霉鬼,特别是教育者,才把一个即使不是完全无罪,却是天真无邪的孩子变成有罪的人,因为他们把孩子所不熟悉的思想和行动灌输给他。他们促使他做出坏的行动,虽然最初并非出自自己的意志。这种方法正如心地善良的小孩子采取的方法一样,他抱着坚定的信念把经过他多次折腾之后变得十分虚弱,有的甚至掉了脚的苍蝇或甲虫说成:它已经被驯服了。还有一些完全被冲动的内在生命支配着的孩子,尽管在外部现象的关系上,由于缺少观察和注意以及由于对外部生活关系缺乏知识而会犯大的错误,然而他们却具有做一个善良有为的人的内心深处的和热切的追求。然而遗憾的是这些孩子最后也许甚至确实变坏了。这是由于人们不仅不理解其内心深处的追求,而且甚至加以错误的理解。但一旦在适当的时候他们内心深处的追求受到重视,那么他们便肯定会成为无比精明的人物的。